JN297923

特別支援教育と外国語活動

わかくさ学級の子どもたち

小林省三 著

教育出版

はじめに

　子どもには何か一つ秀でるものが必ずあります。それを見出すのがプロの教師だと私は思っています。高機能自閉症，自閉症，ダウン症，LD，ADHD等の子どもたちの可能性を引き出そうと人間性の育みを重点とした外国語（英語）活動を始めました。すると予想をはるかに超え，子どもたちは一様に明るく友だちや大人と関わり，何事にも意欲的に取り組むように変容しました。それは他の学習にもよい影響を与えるようになりました。中にはネイティブのような英語で会話する児童も現れたのです。

　ところで私は1950年広島県呉市で生まれました。中学生になった私はラジオが欲しくてたまりませんでした。戦後10数年，国全体が貧しかったときです。それでも買ってもらったラジオ，突如耳に入ってきたのが岩国基地の米軍放送でした。英語は軽快で，力強く，説得力がありました。高校生になり，英語を生きる術にしようと考えました。英語の先生になって子どもたちを世界で活躍する人物に育てようと思いました。

　夢がかなって高校の英語教員になったのですが，夢を描いたのは私だったようです。「海外に出よう」と決意，日本人学校教員をめざしました。まずは29歳で東京都公立小学校教員となりました。そしてナイジェリア・ラゴス日本人学校教諭として勤務することも実現しました。着任後，担任する商社マンのご子息がダウン症でした。国内では偏見もあり，ここで個別に支援していただけると，あえて海外勤務を希望したとのことでした。障がい児教育との出会いでもありました。

　アフリカ勤務を終え，海外日本人学校派遣制度に再度応募しました。二度目の派遣先は豪州クイーンズランド州ブリスベン市にある補習校の校長でした。日本人子女の通う現地校をしばしば参観しました。既に教室内ではノーマライゼーシ

ョン（障がい者と健常者との共生）が実践されていました。

　2007年4月，東京都江戸川区立二之江小学校（特別支援学級設置）の校長となりました。障がいのある児童に人との関わりを通してコミュニケーション力をつけようと英語活動を導入しました。新しい試みであり先行事例もほとんどありませんでした。支えていただいたのは文京学院大学大学院教授渡邉寛治先生でした。2010年，修士論文（テーマ；「特別支援学級（知的障がい児）における国際コミュニケーションの素地を育む外国語（英語）活動の研究：理論と実践」）が完成しました。本書の基盤ともなっています。

　時同じくして教育出版の青木佳之氏から出版のお話がありました。特別支援教育への熱意，そして執筆に関してのご指導，ご助言がなければ完成しませんでした。心より感謝申し上げます。なによりも本学級で外国語（英語）活動に参画していただきましたJTEの杉山明枝先生，鈴木幸子主幹教諭他すべての先生に感謝の念を表します。

　なお，本書は特別支援教育外国語（英語）活動の理論と実践編に分けて構成されています。現場に立っておられる先生がすぐに実践できるように，ポイントとなる活動案をつけてあります。どうぞご活用ください。

　本書をお読みいただいて，ご批評，ご指摘を賜れば幸いでございます。

　　2010年11月28日
　　　　　　　　東京都江戸川区立二之江小学校
　　　　　　　　　　　　校長　小 林 省 三

目　　次

はじめに

第1章　特別支援教育のめざすもの … 1
　はじめに … 1
　1　増加する障がいのある子どもたち … 3
　2　特別支援教育の理念 … 4
　3　特別支援教育の対象 … 5
　4　障がいの種別 … 6

第2章　特別支援教育と国際コミュニケーション教育 … 13
　1　コミュニケーション能力 … 13
　2　非言語によるコミュニケーション … 15
　3　国際コミュニケーション教育の理念 … 16
　4　特別支援児の根底とする学力 … 18
　5　特別支援教育で育みたい資質・能力 … 20

第3章　外国語(英語)活動と特別支援教育 … 21
　1　外国語（英語）活動のねらい … 21
　2　外国語（英語）活動の成果 … 22
　3　「英語」がふさわしい理由 … 23
　4　ALT/JTEの積極的な活用 … 24
　5　まとめ … 26

第4章　これまでの指導計画をふりかえって … 27
　1　指導1年目（2007年7月〜2008年3月） … 27
　2　指導2年目（2008年4月〜2009年3月） … 30

3　評価について ……………………………………… *32*

第5章　子どもたちの成長の記録 ……………………… *34*
　　1　Aさん　女児　3年生（広汎性発達障がい）………… *34*
　　2　Bさん　男児　4年生（広汎性発達障がい）………… *52*
　　コラム・特別支援学級の子どもたち① …………………… *72*
　　3　Cさん　男児　3年生（広汎性発達障がい）………… *74*
　　4　Dさん　男児　5年生（ダウン症）……………………… *93*
　　コラム・特別支援学級の子どもたち② …………………… *110*
　　5　Eさん　男児　3年生（ダウン症）……………………… *112*
　　6　Fさん　女児　1年生（ダウン症）……………………… *128*
　　7　結果と考察 ─6事例を通して─ …………………… *142*
　　コラム・JTEのつぶやき ……………………………………… *147*

第6章　これからの活動に向けて ……………………… *152*

第1章 特別支援教育のめざすもの

はじめに

　人類は，誕生後，すべての生命体と支え合って生きてきた。これからもその営みは続く。人間は一人一人の違いはある。しかし，生きていくうえでは法の下にすべての人が平等である[1]。その人に障がいがあってもなくても適用される。また，すべての人がよりよく生きていくためには「教育」は欠かせないことは周知の通りである。

　教育は，人格の完成をめざし，平和で民主的な国家及び社会の形成者として必要な資質を備えた，心身ともに健康な国民の育成を期して行われなければならない[2]。なかんずく，障がいのある者が，その障がいの状況に応じて十分な教育を受けられるよう，国及び地方公共団体は，教育上必要な支援を講じなければいけない[3]。そして，学校においては障がいのある子どもの教育的ニーズをとらえ，個に応じた教育をすることが大切である[4]。

　2007年4月，着任した学校には特別支援学級(呼称「わかくさ学級」)が設置されていた。知的障がい児学級であり，15名の児童へ手厚く自立活動への支援が行われていた。彼らは一様に人との関わりに難色を示し，コミュニケーションが図れないなどの特性がある。私は障がいのある児童の能力を引きだし，伸長させ，生涯にわたり社会生活が営めるようにしたいと考えるに至った。それは保護者の切なる願いでもあった。

　そこで，人と人との良好な関係を構築していくコミュニケ

ーション力のある児童を育てることが大切である。とりわけ障がいのある児童にとっては，それは重要なことである。なぜなら，偏見や差別の嵐にさらされることの多い彼らにとって，コミュニケーション力は生きる術にもなるからである。そのための実践方法として，英語活動が，障がい児にとっては有効な方法の１つではないかと，私は自らの乏しい経験のなかから考えている。

　私はこれまでに，中学，高校の英語教師，そして在外教育施設派遣教員等の経験がある。その間，軽・中度の知的障がい[5]をともなう児童生徒と関わることがあった。彼らの多くは，授業に集中することが困難なことや，主体的に行動することができなかった。反面，英語授業とりわけ英語を使っての体験的な学習活動の場面では明るく振る舞い，身振りや手振りを交えるなど積極的に参加した。そうした体験からも，障がい児教育に英語コミュニケーション体験活動を取り入れることがふさわしいのではないかと考え，文献に当たった。

　渡邉寛治先生の論稿に，「寡黙な子が活発に，不登校児や自閉症児がALTとの楽しい活動だけに参加したり，自閉症児がALTと臆することなく話をしたりするという知見を得た。」[6]とあった。このことを支えとして，「わかくさ学級」に英語活動を取り入れれば，児童が活動を通してコミュニケーション力(資質・能力)の素地を身に付け，とりわけ積極的に人との関わりをもって「生きる力」の素地を育成することができるのではないかと考えた。

　「わかくさ学級」の担任は賛同してくれたものの，講師選びからスタートしなくてはいけなかった。数社の英語講師派遣会社からは断られた。「母語もままならないのにそんなことが…」というのが理由だった。最終的には私が授業しようと考えていたものの，「特別支援教育の英語活動」としての船出には厳しい現実が待っていた。しかし杉山明枝先生がそ

第1章　特別支援教育のめざすもの

の舵を取ってくださることとなり，3ヵ月後の2007年7月にスタートすることができた。

1　増加する障がいのある子どもたち

　私が勤務する東京都江戸川区立二之江小学校は，通常学級12クラス(304名在籍，2004年4月)と特別支援学級(15名在籍，2004年4月，以下「わかくさ学級」)が設置されている。
　「わかくさ学級」に在籍する児童は様々な障がい(広汎性発達障がい：高機能自閉症，自閉症，情緒障がい，難聴，学習障がい(LD)，注意欠陥多動性障がい(ADHD)，ダウン症等)を併せもち，人との関わりが苦手なため孤立する傾向にあるほか，言語能力に障がいがあるためか，コミュニケーションしようとする力に欠けていた。また，パニック状態になると奇声を発し，泣き叫び，床に寝転ぶこともある。さらにこだわりを示し，同じ言葉を何度も言ったり，行動したりする場面を観察した。
　東京都江戸川区立小学校(73校)のうち，特別支援学級が22学級(知的障がい学級12校，弱視障がい学級2校，難聴障がい学級2校，言語障がい学級2校，情緒障がい学級8校)が設置されている。私が勤務する小学校は知的障がい学級である。
　2004年5月1日付け文部科学省の統計(括弧内の数字は全国小中学生1,092万人に対する割合)によると，通常の学級に高機能自閉症，学習障がい，注意欠陥多動性障がいをもつ児童生徒が約68万人(6.3％)，特別支援学級に視覚障がい，聴覚障がい，知的障がい，肢体不自由，病弱，言語障がい，情緒障がいをもつ児童生徒が9万1,000人(0.83％)在籍している。通級学級(通常学級から週に1～2回程度通う学級)に約3万6,000人(0.33％)，そして，特別支援学校に約5万2,000人(0.48％)通学しており，これらは増加の傾向にある。現在，国は，特別支援教育のあり方については喫緊の課題としている。

2　特別支援教育の理念

　2007年4月1日,文部科学省初等中等教育局長名で各教育委員会に「特別支援教育の推進について」を通達した。そこでは特別支援教育の理念として次の点を打ちだした。
(1)　障がいのある幼児・児童・生徒の自立や社会参加に向けた主体的な取り組みを支援するという視点に立ち,幼児・児童・生徒一人一人の教育的ニーズを把握し,そのもてる力を高め,生活や学習上の困難を改善または,克服するため,適切な指導及び必要な支援を行う。
(2)　特別支援教育は,これまでの,特殊教育の対象の障がいだけではなく,知的な遅れのない発達障がいも含めて,特別な支援を必要とする幼児・児童・生徒が在籍するすべての学校において実施されるものである。
(3)　特別支援教育は,障がいのある幼児・児童・生徒の教育にとどまらず,障がいの有無やその他の個々の違いを認識しつつ,様々な人々が生き生きと活躍できる共生社会の形成の基礎となるものであり,我が国の現在及び将来の社会にとって重要な意味をもっている。

　要約すれば,発達障がいを含め,障がいのあるすべての子どもを対象とするものである。従来の「特殊教育」は障がいの種類や程度に応じて特別な場で手厚い教育を行うことに重点が置かれていたのに対し,「特別支援教育」は障がいのある子ども一人一人の教育的ニーズに応じた支援を行うことに重点が置かれており,各学校の通常の学級に在籍する発達障がい等のある子どもも含め,より多くの子どもたちの教育的ニーズに対応した教育であるといえる。

3 特別支援教育の対象

　知的障がいのある子どもが通う特別支援学級では、必要に応じて、特別支援学校の教育内容を参考にしながら、小集団の中で個に応じた生活に役立つ内容が指導されている。小学校では、体力づくりや基本的な生活習慣の確立、日常生活に必要な言語や数量、生活技能等の指導を実施している。重度（あるいは中度も含む）の障がいがある児童については、特別支援学校に通う。図－1は障害の種別と「通常学級」、「特別支援学級」、「特別支援学校」の区分として整理した。

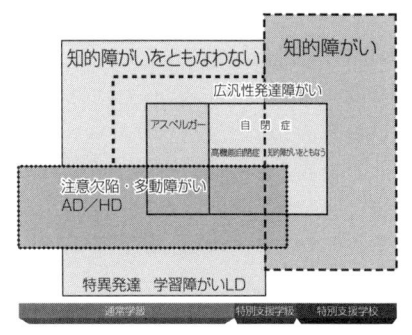

　さらに文部科学省は、増加傾向にある特別支援教育を必要とする児童生徒に対応するため、すべての小・中学校に「特別支援教室」を設置する構想がある（中央教育審議会

図－1　特別な支援を必要とする児童たち
（出所：小林省三「特別支援研修会資料」, 2008年）

「特別支援教育を推進するための制度の在り方について（答申）」(2005年12月8日)。東京都では特別支援教育推進計画第三次実施計画（2011～2013年度）で示した。知的な遅れのない発達障がい児へのきめ細かい支援体制でもあり、通常学級、通級指導学級、固定学級、特別支援教室の役割分担を明確にしたものでもある。

　今後、児童の道徳性の育みを主なねらいとした本実践・研究である「特別支援教育における外国語活動」を広く実践していただくことを期待する。

4 障がいの種別

「わかくさ学級」は知的障がい学級であり，高機能自閉症，自閉症，LD，ADHD，そしてダウン症等の児童が在籍している。医師の診断として明確にされていないケースや，複数の障がいを示していることもある。ここでは障がいについての定義，判断基準，行動の特徴等について紹介する。なお引用文では「障害」としてある。

(1) 自閉症〈Autistic Disorder〉
【定義】

アメリカ精神医学会（Diagnostic and Statistical of Mental disorders）『精神疾患の診断・統計マニュアル 4版』（以下DSM-Ⅳという）によると，自閉症は3歳くらいまでに現れ，①他人との社会的関係の形成の困難さ，②言葉の発達の遅れ，③興味や関心が狭く特定のものにこだわることを特徴とする行動の障害であり，中枢神経に何らかの要因による機能不全があると推定される。

※文部科学省「今後の特別支援教育の在り方について（最終報告）参考資料」2003/3/28より引用。

【判断基準】（※ DSM-Ⅳより）
① 社会的相互反応における質的な障がい
  - 視線の相対・顔の表情・体の姿勢・身振り等，非言語行動がうまく使えない。
  - 発達の水準にふさわしい仲間関係がつくれない。
  - 対人的または情緒的な相互性にかける。
② コミュニケーションの質的な障がい
  - 話し言葉の発達に遅れがある。または全く話し言葉がない。
  - 言語能力があっても，他人と会話をし続けることが難しい。
  - 同じ言葉をいつも繰り返し発したり，独特な言葉を発し

たりする。
- 発達の水準にふさわしい，変化に富んだ『ごっこ遊び』あるいは社会性のある『物まね遊び』ができない。
③ 行動，興味及び活動が限局され，反復的で常同的な様式をとること
- 常に繰り返され，決められた形に強く熱中する。
- 特定の機能的でない習慣，儀式にかたくなにこだわる。
- 常同的で反復的な，くせのような動きをする物体の一部に持続的に熱中する。

(2) 高機能自閉症〈High-Function Autism〉

【定義】（※ DSM－Ⅳより）

　高機能自閉症は，3歳くらいまでに現れ，①他人との社会的関係の形成の困難さ，②言葉の発達の遅れ，③興味や関心が狭く特定のものにこだわることを特徴とする行動の障害である自閉症のうち，知的発達の遅れを伴わないものをいう。また，中枢神経系に何らかの要因による機能不全があると推定される。

※文部科学省「今後の特別支援教育の在り方について（最終報告）参考資料」2003/3/28より引用。

【判断基準】（※ DSM－Ⅳより）
① 知的障害が認められないこと
② 人への反応や関わりの乏しさ，社会的関係形成の困難さ
- 目と目で見つめ合う，身振りなどの多彩な非言語的行動が困難である。
- 同年齢の仲間関係をつくることが困難である。
- 楽しい気持ちを他人と共有することや気持ちでの交流が困難である。

③ 言葉の発達の遅れ
- 話し言葉の遅れがあり，身振りなどにより補おうとしない。
- 他人と会話を開始し継続する能力に明らかな困難性がある。

- 常同的で反復的な言葉の使用または独特な言語がある。
- その年齢に相応した，変化に富んだ自発的な『ごっこ遊び』や社会性のある『物まね遊び』ができない。
④ 興味や関心が狭く特定のものにこだわること
- 強いこだわりがあり，限定された興味だけに熱中する。
- 特定の習慣や手順にかたくなにこだわる。
- 反復的な変わった行動をする。
- 物の一部に持続して熱中する。
⑤ その他の特徴
- 常識的な判断が難しいことがある。
- 動作やジェスチャーがぎこちない。

※文部科学省「今後の特別支援教育の在り方について（最終報告）参考資料」2003/3/28より引用。

(3) 学習障がい　LD〈Learning Disabilities〉

【定義】（※ DSM-Ⅳより）

　基本的には全般的な知的発達に遅れはないが，聞く，話す，読む，書く，計算する，または推論する能力のうち，特定のものの習得と使用に著しい困難を示す様々な状態を指すものである。学習障害は，その原因として，中枢神経に何らかの機能障害があると推定されるが，視覚障害，聴覚障害，知的障害，情緒障害などの障害や，環境的な要因が直接の要因となるものではない。

※文部科学省「学習障害児に対する指導について（報告）」1999/7より引用。

【判断基準】（※ DSM-Ⅳより）

　試案としてあるものの，判断・実態把握の体制及び手続きとして以下の2点をあげている。

① 学校における実態把握
- 校内委員会（校長，教頭（副校長），担任教師等）を設置し，児童の実態把握をする。
- 担任教師が特異な学習困難(国語,算数を中心に)に気付く。

- 保護者から学習障がいの疑いがあるとの申し出がある。
② 専門家チームにおける判断
- 教育委員会に設ける。
- 特別支援教育センター等における専門家による相談機関と位置づける。
- 専門家チームの構成員は教育委員会の職員，特別支援教育担当教員，通常学級の担当教員，心理学の専門家，医師等とする。
- 専門家チームは学習障がいか否かの判断，望ましい教育的対応の内容を含む専門的意見を示す。

(4) **注意欠陥/多動性障害　ADHD〈Attention Deficit / Hyperactivity Disorder〉**

【定義】（※ DSM‐Ⅳより）

　年齢あるいは発達に不釣り合いな注意力，及び（または）衝動性，多動性を特徴とする行動の障がいで，社会的な活動や学業の機能に支障をきたすものである。また，7歳以前に現れ，その状態が継続し，中枢神経系に何らかの要因による機能不全があると推定される。

【判断基準】（※ DSM‐Ⅳより）
① 「不注意」「多動性」「衝動性」に関する設問に該当する項目が多く，少なくともその状態が6ヶ月以上続いていること。

　ア　「不注意」
- 勉強で注意を払わなかったり，不注意な間違いをしたりする。
- 課題や遊びの活動で注意を集中し続けることが難しい。
- 面と向かって話しかけられているのに，聞いていないように見える。
- 指示に従えず，また仕事を最後までやり遂げない。

- 学習などの課題や活動に必要な物をなくしてしまう。
- 気が散りやすい。
- 日々の活動で忘れっぽい。

イ 「多動性」
- 手足をそわそわ動かしたり,着席していてもじもじしたりする。
- 授業中や座っているべき時に席を離れてしまう。
- きちんとしていなければならない時に,過度に走り回ったりよじ登ったりする。
- 遊びや余暇活動におとなしく参加することが難しい。
- じっとしていない。または何かに駆り立てられるように活動する。
- 過度にしゃべる。

ウ 「衝動性」
- 質問が終わらないうちに出し抜けに答えてしまう。
- 順番を待つのが難しい。
- 他の人がしていることをさえぎったり,じゃましたりする。

② 「不注意」「多動性」「衝動性」のうちのいくつかが7歳以前に存在し,社会生活や学校生活を営む上で支障がある。
③ 著しい不適応が学校や家庭などの複数の場面で認められる。
④ 知的障がい(軽度を除く),自閉症が認められない。

(5) ダウン症候群 〈Down syndrome〉

英国の眼科医ジョン・ラングドン・ハイドン・ダウンの論文『Observation on an Ethnic Classification of Idiots』(London Hospital Reports, 3:pp.259-262, 1866)でその存在を発表した。

日本ダウン症ネットワークホームページによると,「ダウン症候群とは,染色体異常のために先天性の心臓疾患や知的障害など,いろいろな障害を起こしてくる病気のことを言います。ダウン症候群の場合,本来46本ある染色体のうち,21

番染色体が生まれつき1本多いことが原因となります。約1,000人弱に1人の割合で生まれてきます。先天性異常の中では最も多い疾患です。」と記載してある。(http://jdsn.ac.affrc.go.jp/dowjl.html　2011/01/09より)

しかし、私のつたない知見ではあるが、ダウン症児は人なつっこい笑顔で人と関わり、明るく、陽気に振る舞い、全身で喜怒哀楽を表すことが多い。反面、発声に困難さを示し、相手の立場になって自分の思いを知らせようとするコミュニケーション力に課題がみられる。

【註】
1)「日本国憲法」第3章・第14条、および「世界人権宣言」
2)「教育基本法」(2006年法律第120号)第1条(教育の目的)
3)「教育基本法」第4条(教育の機会均等)の2
4)「小学校学習指導要領」(2008年8月)第1章第4の2(7)
5) ウイリアム・L・ヒューワード著　中野良顕・小野次郎・榊原洋一監訳『特別支援教育』明石書店、2007年、p.231に次のように知的障がいの定義がある。
「全般的知的機能が著しく平均を下まわり、同時に適応行動障害があり、それが発達期に現れ、学業に不利な影響を及ぼす。軽度は IQ50-55〜約70、中度は IQ35-40〜50-55とされる。」
6) 渡邉寛治「文京学院大学外国語学部文京学院大学短期大学紀要」第7号、2007年

【引用文献】
　本章で引用したり、後の章で引用する外国の文献は、以下の通りである。ここに、一覧できるように掲載しておく。
・Asher, J. J. (1981) The extinction of second-language learning in American schools an intervention model. In Winitz, H.(ed.), pp.49-68
・Barkkley, R. A.(1998). *Attenntion-deficit/hyperactivity disorder :* A handbook for diagnois and treatment (2nded.). New York : Guilford
・Barnhill, G. P., Hagiwara, T., Myles, B. S., Simpson, R.L., Brick, M. L., & b Griswold, D. E. (2000). Parent, teacher, and self-report of problems and adaptive behavior in children and adolescents with Asperger syndrome. *Diagnostique, 25*(2), pp.147-167
・Berninger, V. (2000). Dyslexia, the invisible, treatable disorder: The story of Einstein's Ninjab Turtles. *Learning Disability Quarterly*, 23, pp.175-195
・Blumstein, S., and W. Cooper, 1974, Hemisphere processing of intonation

contours, *Cortex*, 10 : pp.146-158
- Canale M. and M. Swan, *Theoretical bases of communicative approaches to second language teaching and testing* in Applied Linguistics 1, pp.1-47 (1980)
- Canale M. (1983). From communicative competence to communicative language pedagogy. In J. C. Richards & R. W. Schmidts(eds.), Language and Communication, pp.2-27. London & New York : Longman
- Cawley, J. F., Parmar, R. S., Foley, T. E., Salmon, & Roy, S. (2001). Arithmetic performance of students: Implications for standards and programming. *Exceptional Chiidren*, p.67, pp.311-328.
- Cawley, J. F., Parmar, R. S., Yan, W., & Miller, J.H. (1998). Arithmetic computation performance of students with learning disabilities : Implications for curriculum. *Learning Disabilities Research and Practice*, p.13, pp.68-74.
- Greenspan, S. I., & Weider, S. I., Weider, S. W. (1997). Developmental patterns and outcomes in infants and children with disorders in relating and communicating : A chart review of 200 cases of children with autisc spectrum diagnoses. *Journal of Developmental and Learning Disorders*, p.1, pp.87-141
- James J. Asher Los Gots, CA. *Learning Another Language Through Actions :* The complete Teacher's Guide Book. (PDF file) Sky Oaks Production,1977.
- Kanner, L. (1943) . Autistic disturbance of affective contract. *Nervous child*, p.2, pp.217-250
- Kanner, L. (1985). Autistic disturbance of affective contract. In A. M. Donnellan (Ed), *Classics readings in autism*(pp.11-53). New York : Teachers College Press.
- Kelly, S. J., Macaruso, P., & Sokol, S. M. (1997). Mental calculations in an autistic savant: A case sutudy. *Journal of Clinical and Experimental Neuropsychology*, p.19(2), pp.172-184
- Most, T., & Greenbank, A. (2000). Auditory, visual, and auditory-visual perception of emotions by adolescents with and without learning disabilities, and their relationship to social skills. Learning Disabilities Research and Practice, p.15, pp.171-178
- Newcomer, P. L., & Barenbaum, E. M.(1991). The written composing ability of children with learning disabilities: A review of the literature from 1980 to 1990. *Journal of Learning Disabilites*, p.24, pp.578-593.
- Simpson, R. L. (2001). ABA and students with autism spectrum disorders : Issues and considerations for effective practice. *Focus on Autism and Other Developmental Disabilities*, p.16, pp.68-71
- Stevic, E. W. (1982). *Teaching and learning languages*. [梅田厳也(訳), 1986. 『外国語の教え方』サイマル出版]
- Treffert, D. A. (1989). *Extraodinary people: Understanding "idiots savants."* New York : Harper & Row.

第2章 特別支援教育と国際コミュニケーション教育

1 コミュニケーション能力

　ここでは,英語活動を通して育もうとする国際コミュニケーション力の素地である「コミュニケーション能力」について明らかにする。Canale(1983)はコミュニケーション能力を次の4つに分類したが,これを渡邉先生は以下のように分析している。

表－1　コミュニケーション能力　　　（Canale 1983)に渡邉先生加筆

Language Activities (言語活動)	4 Communicative Competences（コミュニケーション能力）			
	Linguistic Competence (言語能力)	Sociolinguistic Competence (社会言語学的能力)	Discourse Competence (談話能力)	Strategic Competence (方略的能力)
Recognition (認知) Listening (聞くこと) Reading (読むこと)	Pronunciation Vocabulary Grammar 等 「言語の規則」	Social Skill (人間関係力) Politeness (思いやり)	Logicality (論理性) and Continuity (論理の関連性) with cohesion (文法的結束) and coherence (首尾一貫性)	Restatement (言い換え // 繰り返し)等 ※コミュニケーションを「持続」または「豊か」にする方略
Production (産出) Speaking (話すこと) Writing (書くこと)				

【分析】
(1)　人が言語でコミュニケーションを行う際,4つの能力（スキル）によって支えられている。
(2)　言語能力は「言語を使用する際の発音や文法に関する能力」であり,社会言語学的能力は「社会構造上のルールやマナーに合わせて適切に言語を使用することができる能力」である。談話能力は「自分の考えを理論だてたり根拠を示したりして相手に伝えていく能力」のことをいう。方略的能力は「言語能力や社会言語的能力が不足している場

合，言葉を繰り返したりジェスチャーをしたりして伝えていく能力」である。
(3) この4つの能力のうち，特に「社会言語学的能力」「談話能力」「方略的能力」の3つのスキルは国際コミュニケーションにおいて不可欠な要素である。
(4) 国際コミュニケーションの素地をつくる段階の小学生にとっては，上記3つの能力の育成をめざすことが重要である。
(5) 挨拶やお礼といった相手を思いやることによって発せられるソーシャル・スキルとしての「社会言語学的能力」，自己決定し自己の考えをわかりやすく伝え合うために必要な「談話能力」の育成は，自分の考えを相手に伝えていくことを苦手とする日本人にとっては必要不可欠といえる。
(6) これら3つの能力は，知識として教え込むのではなく，体験を通して身に付けていくことが重要である。

　以上の分析結果から，「コミュニケーション能力」が言語能力，社会言語学的能力，談話能力，方略的能力の4つの能力からくること。そして，小学校段階での外国語（英語）活動では言語能力を除いた3つの能力について育てていくことが必要であることがわかった。これは人との関わりを強く求められる特別支援学級に学ぶ児童には，とりわけ積極的に適用されるべきことと考える。そして，ソーシャル・スキルを重視したコミュニケーション活動となるように，「ことばの使用場面とはたらき」に留意していくことが大切である。なぜなら，互いの会話に連続性が生まれ，気持ちが通じ合い，関心・意欲・態度につながるからである。
　そのためには，児童が興味や関心のある単元構成に心がけ，英語活動では3つのコミュニケーション能力（「社会言語学的能力」，「談話能力」，「方略的能力」）が備わるよう工夫したい。

2 非言語によるコミュニケーション

　小学校学習指導要領　指導計画の作成と内容の取扱い２の(ウ)には次のように記されている。

> 　言葉によらないコミュニケーションの手段もコミュニケーションを支えるものであることを踏まえ，ジェスチャーなどを取り上げ，その役割を理解させるようにすること。

　ここでは，ノンバーバル（非言語）によるコミュニケーション活動の大切さを述べている。

　日常，私たちは言葉として発しないものの，コミュニケーションをしていることが多い。社会生活を十分に営んでいることも事実であろう。

　特別支援を必要とする児童も同様である。彼らの中には非言語によるコミュニケーションで生活をしている場面を見かける。自分の思いをより正確に伝えるために言葉を発することはもちろんのこと，言葉によらないコミュニケーションも大切である。

　本学級において，JTEと担任が極力発話しないで授業を進めることを試みた。45分授業の内，15分間程度であるが2回ほど実施した。内容としては，CDによる歌 "Hello Song" "BINGO" "Good bye Song" をジェスチャーを交えて活動した。

　また，黒板に貼った絵カードを指し示し，動物の鳴きまねやしぐさを通して児童からの発話を待ってみた。すると，児童からは「先生たち（みんな）はどうして話さないのか」との感想や，中にはCDに合わせて歌おうとしない児童もいた。きょろきょろとあたりを見渡して落ち着かない児童も現れた。

　ここで私たち教師が学んだことは，英語を発する際にジェスチャーは補足的な役目にとどまることである。つまりジェ

スチャーだけでコミュニケーションをすることは児童にとって至難の技であることがわかった。なぜなら、この実験においては言語を補足しようとする教師のジェスチャーに一定の決まりがなく、その都度、目的が異なっており、児童に混乱を生じさせたのである。今回はあくまで実験的な活動としてとどめたが、コミュニケーションを図る上での非言語コミュニケーションの重要性を知る貴重な体験であった。

とりわけ、外国人によるジェスチャーは、国により違いがあること(「異文化理解」)もALT(米国人とフィリピン人)をゲストティーチャーとして招いたときに学ぶことができた。ジェスチャーや表情を比較する中で、日本と外国との違いに気付かせ、多様なものの見方や考え方があることに気付かせることに成果をあげた。

3 国際コミュニケーション教育の理念

(1) 国際コミュニケーション教育の目的

1964年の東京オリンピック開催の前後に始まった高度成長によって、敗戦後の日本は見事な復興を遂げた。世界では有数の、アジア諸国においてはいちばんの経済大国へと発展していった日本が、世界のなかでの日本という位置づけを保持し発展していくためにも、外国人と友好な関係を築くことのできる人材の育成が必要とされた。加速化する国際競争力に対応するためにも、日本人は言語やボディーアクションを通してコミュニケーションをとろうとする資質や能力を高める必要があった。それは政財界の願いでもあった。

こうした社会背景を受けて、文部省(当時)は1969年、学習指導要領の改訂で、中学校外国語科の目標を、それまでの単語や文法などを知識として身に付ける「学習活動」を改めて、

言語を使って,話す・聞く・音声中心のコミュニケーション活動として進めていく「言語活動」へと教科内容の転換を図った。それにより,言語スキル学習よりもコミュニケーション力の育成を重視する言語活動を推進すること,また,地球規模で起きる環境問題・経済問題などに諸外国と円滑に対応することができるようにすることとなった。これによって,日本人として世界の人たちに臆することなく,ともに生きていく力(「共生」),自分の意思で正しい方向を考え,決定し,行動する力(「自己決定行動」),なにごとにも自ら積極的に取り組む力(「主体性」)が育まれることになるのである。

(2) 国際コミュニケーションの目標

ここで,「国際コミュニケーション力」を育む視点を明確にしたい。文部科学省は,2007年11月7日,中教審教育課程部会の「審議のまとめ」として,小学校英語教育の目標を次のように述べている。

> …幅広い言語に関する能力や国際感覚の基盤を培うことを目的とする外国語活動(仮称)は,中学校の文法等の英語教育を前倒しをするのではなく,(中略)言語や文化に対する理解を深めるとともに,積極的にコミュニケーションを図ろうとする態度の育成を目標として,外国語活動を行うことが適当と考えられるする。(中略)また,小学校における外国語活動の目標や内容を踏まえれば(中略)数値による評価にはなじまない。(中略)教科とは位置付けないことが適当と考えられる。
> (「審議のまとめ」pp.63〜64)

このような結論に至るまでには,これまで様々な議論がなされてきた。そのうち,最も重視されたことは,これまでの十数年間の日本における小学校外国語(英語)活動の実際的教育成果であろう。なぜなら,そのような教育成果,例えば,ALTと臆することなくコミュニケーションを図ろうとする

態度は，子どもがもたらしてくれた貴重な知見だからである。特に，公立の小学校に軽度や重度の障がい児もいる。公教育は，このような児童抜きの教育であってはならないのである。これまでの公立小学校における英語活動の最大の成果とは何であったのか。小学校の英語教育で「やらせ」ではなく，子どもの「主体性」を重視したコミュニケーション体験活動を実施してきた学校では，寡黙な子が活発に，不登校児がALTとの楽しい活動だけに参加したり，自閉症児がALTと臆することなく話をしたりするという知見を得た。これらは，いずれも彼らの「生きる力」の現れであり，自身のなかに「挑戦する心」が育まれた証拠だといえよう。これは，ペーパーテストでは測定しにくいが，明らかに「学ぶ力（意欲）」である。たとえ，英語の発音や表現が正確でなくても，ALTと自ら（ときには，積極的に）コミュニケーションを交わす姿は，「学ぶ力」そのものである。

　日本の義務教育では，知識や技術に偏ることなく，人間性を全面的・調和的に発達させるために全人教育を行っている。しかも，現在，子どもの「生きる力（zest for living）」を培う教育をしている。この"zest"とは，「意欲」のことであり，その意欲をそぐような国際教育・英語教育をしているとしたら，しかも全児童のうち一部でも不登校児や自閉症児だとしたらなおさら問題である。その子らは見放されたことになるからである。

4　特別支援児の根底とする学力

　学力（学ぶ意欲）を根底とする「生きる力」を育むことが必要であることを3－(2)で述べてきた。このことは，特別支援学級に学ぶ児童も同様である。小学校段階から英語教育を導入した理由は，国際化の進展に対応することは言うまでも

ない。なぜなら，今，日本の国際教育では「主体的」に生きていく資質・能力の育成が求められており，小学校の英語によるコミュニケーション活動を通して，「主体性（identity）」の一源泉ともいえる「積極性」が育まれることが明らかになっているからである。このことを踏まえて，渡邉先生は，「学力」を「海に浮かぶ氷山」（図‐2）にたとえて分析する。

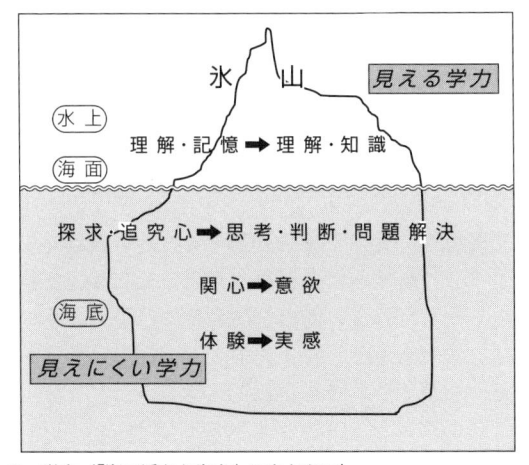

図－2　学力（「海に浮かぶ氷山」にたとえて）
（出所：渡邉寛治　大学院講義資料：「児童英語教育研究」, 2008年）

【渡邉先生による分析】
(1) 海に浮かぶ「目に見える学力」と海の中に沈む「目に見えにくい学力」の総称が「学力」である。
(2) 知識・理解といった「能力」は，関心・意欲といった「資質」によって支えられている。
(3) 資質を育むことが，能力の育成（実際に活用できること）につながっていく。
(4) 知識・理解（スキル）だけを学ばせても，支えている部分（資質）がなければ，実際に生きて使える学力とはならない。

(5) 子どもは,「体験」したことを「実感」としてとらえたときに「関心」を抱く。それが高まる意欲となる(資質が育まれる)。

　このことからも,暗記型中心の知識偏重教育では生活の場では役に立つ力を育てることはできない。それゆえ,英語活動も体験重視の活動でなければならないことが理解できる。児童の根底となる海面下の学力を高めることは,特別支援教育を必要とする児童にも有効であることは言うまでもない。

5　特別支援教育で育みたい資質・能力

　特別支援教育における英語活動で育みたい具体的な資質・能力を表-2に示すが,道徳性の育みでもある◎を重点項目とする。そうした資質・能力を高めることが,国際コミュニケーション力の素地として「共生」,「自己決定行動」,「主体性」へとつながるからである。

表-2　特別支援教育で育みたい資質・能力

(1)「共生」につながる資質・能力: 　◎広い視野(異文化理解)　　◎思いやりの心(相互理解) 　◎明るい心　　◎豊かな心 (2)「自己決定行動」につながる資質・能力: 　◎積極的・意欲的な心　　・自己表現力 (3)「主体性」につながる資質・能力: 　◎自己コントロール　　・自己の確立

第3章 外国語（英語）活動と特別支援教育

1 外国語（英語）活動のねらい

2008年3月に小学校学習指導要領が告示された。これにより第5学年及び6学年において外国語活動が位置づけられ、いずれの学年においても年間35単位の授業時数が確保された。外国語活動の目標は以下の通りである。

> 外国語を通じて、
> ① 言語や文化について体験的に理解を深め、
> ② 積極的にコミュニケーションを図ろうとする態度の育成を図り、
> ③ 外国語の音声や基本的な表現に慣れ親しませながら、コミュニケーション能力の素地を養う。
> （丸数字は筆者）

既におわかりのように外国語活動の究極的なねらいは、外国語を通してコミュニケーション能力の素地を養うことにある。具体的にはどのような児童像をめざすのか、東京都小学校外国語活動推進委員会報告書（東京都教育委員会、2009年）に次のようにまとめられている。

> ① 言語や文化の多様性に気付き、それらを受容しようとする児童

めざす児童像及び態度
世界には自分たちとは異なる様々な言語や文化があることに気付き、それらを受容しようとする態度・能力をもつ児童

- 様々な言語や文化の「違い」「よさ」の受容。
- 多様な見方や考え方の気付きと尊重。

② 積極的にコミュニケーションを図ろうとする児童

めざす児童像及び態度

自分の考えや意見を積極的に相手に伝えようとしたり，積極的に相手とともに行動したりしようとする態度・能力をもつ児童

- 自分の考えや意見を積極的に相手に伝えようとしている。
- 相手の考えや意見を聞き，理解しようとしている。
- 外国語を用いたコミュニケーションを楽しもうとする。

③ 外国語の音声や基本的な表現に慣れ親しもうとする児童

めざす児童像及び態度

相手とのコミュニケーションに必要な外国語の音声や基本的な表現に慣れ親しもうとする態度・能力をもつ児童

- 外国語の発音やリズムを積極的に聞き取ろうとする。
- 間違いを恐れずに，基本的な表現を使って積極的に話そうとする。

一方，「初等中等教育における国際教育推進検討会報告」(2005年8月)には，自己を確立し相互理解を深め，共生していくためには，対話を通して人との関係をつくり出していくような力が求められるとあり，いわゆる21世紀型の人材を育成する上でも外国語活動はふさわしいのである。このことは特別支援教育における英語活動に適用するものと考える。

2　外国語（英語）活動の成果

英語活動研究開発校の先行研究実践を通して，「小学校での英語活動は文字や発音，文法，文型などを指導する教科型

スキル学習をするのではなく，音声を中心とした，聞く・話す言語活動を中心として行い，ALT等とのコミュニケーション体験を実践」した活動を行った結果として，公教育の視点から見ても以下の7点において，とても価値の高い研究成果をもたらすことが明らかになった。
⑴　ALTと臆することなく（ときには積極的に）コミュニケーションを図る態度が育まれていった。
⑵　他教科等では力が発揮できない子どもが，英語活動の時間は自分の力を発揮しようと意欲的に活動に参加していた。
⑶　英語活動の実践を通して，他の教育活動にも進んで取り組む子どもがでてくるようになった。
⑷　不登校児や自閉症児といった指導上配慮を要する子どもも，ALTと楽しく体験活動を行うようになっていった。
⑸　活動内容のあり方次第で，子どもの「自己決定行動」や「主体性」につながる積極性・自主性が育まれていった。
⑹　グループ活動での学び合いを通して，お互いのことを認め合える「思いやり」が育まれていった。
⑺　ALTとの異文化交流を通して，外国の言葉や文化に対する興味・関心が高まった。

　つまり，「言語そのものを教えることをねらいとはしない活動」を進めた結果，国の教育施策と関連の深い教育成果が期待できることが明らかになったのである。

3　「英語」がふさわしい理由

　これまで，小学校における英語活動の導入の経緯，教育成果について述べてきた。一方で，国際教育でめざすねらいを達成するために，英語にこだわる必要はなぜか，なおさら「母語に課題のある知的障がい児に英語はいかがなものか」

との意見も聞かれる。これに対し，渡邉先生と私はこうした疑問について次の3つの視点から答える。
(1) 国際共通語としての汎用性の高さから考えると，使用する言語は英語になっている。
(2) 英語圏の人々は，個を尊重する文化的価値観のなかで生活し，言葉で自分の考えを相手に伝えていくことを重要視されているため，主体性，自己決定行動が身に付いている。したがって，英語を母語としている人々とのコミュニケーション体験活動を通してこそ，国際教育がねらう資質・能力が児童に育まれていく。
(3) 異言語を使った活動によって，児童は適度な緊張感のなかで集中して言葉を聞き取ろうとする。特に広汎性発達障がい，ダウン症等をともなう知的障がい児にその傾向が見られる。

　国際教育のねらいを達成するためには，異なる文化・言葉をもつ人との交流が効果的である。なぜなら，外国人との交流を通して児童が体験することは，「わかった」「言葉が通じた」といった実感が個人の自信となり「自尊感情(self-esteem)」を高め，自己の確立をうながすことになるからである。また，「…言葉の大切さ豊かさ等に気付かせたり，言語に対する興味・関心を高めたり，これらを尊重する態度を身に付けさせることは，国語に対する能力の向上にも資すると考えられる(文部科学省：小学校学習指導要領「外国語活動」，第2章外国語活動及び内容，第1節外国語活動，1目標)。」とあり，国語学習にもつながるのである。

4　ALT/JTE の積極的な活用

　ALT あるいは JTE が特別支援教育において英語活動に与

える効果について考える。

　小学校学習指導要領解説　外国語活動編　第２章目標及び内容　３指導計画の作成と内容の取扱い(5)には次のように述べられている。

> 　指導計画の作成や授業の実施については，学級担任の教師又は外国語活動を担当する教師が行うこととし，授業の実施に当たっては，ネイティブ・スピーカーの活用に努めるとともに，地域の実態に応じて，外国語に堪能な地域の人々の協力を得るなど，指導体制を充実すること。

　障がいによっては発話に困難さを示す児童がいる。しかし，聴こうとする態度は健常児よりも優れていることがある。私が彼らに話しかけるときは彼らの目を見て話す。彼らもじっと私の目を注視している。なぜなら相手の言わんとすることを理解し，自らの意思を伝えようと，限られた言葉や身振りなどを交えてコミュニケーションしようとしているからだ。

　しかし，母語で話すことに苦手意識をもつ児童が，英語なら円滑に話すことができる事例を多々見てきた。その場合，コミュニケーションする英語は３語から５語程度である。なかにはネイティブ・スピーカーなみの発音で10〜15語程度のコミュニケーションができる児童が本学級に在籍している。

　なぜだろうか。英語音声はロジカル（規則性）でリズミカルだからであり，また，児童も限られた言葉や身振りなどを交えてコミュニケーションしようとしているからだ。

　ALTが配置されている学校は積極的に活用したいが，留意点として，障がいを理解し，個々の児童の特性をとらえながら担任とともに協力的に授業ができることが求められることは言うまでもない。

　そこで私はあえてJTE（日本人英語講師）を主たる指導者とした。

5 まとめ

　これまでお読みいただき,「母語もままならない児童にどうしてALTあるいはJTEを派遣しなければいけないのか」,あるいは「なぜ特別支援教育を必要とする児童に外国語（英語）活動がよいのか」といった疑問を少しでも取り除いていただけただろうか。まとめとして以下にその有効性を述べる。

① 　母語に自信のない児童が，他の言語（英語）ではコミュニケーションしようとする積極性が見られること。なぜなら日本語と比較して英語は規則性のあるイントネーションで構成され，リズミカルであること。また限られた語彙でもコミュニケーションが可能であることなどが考えられる。

② 　発達障がいあるいはダウン症児には，通常学級の児童に比較して4つのコミュニケーション能力（本書p.13参照）のうちの方略的能力（自らの思いを伝えようと繰り返し話そうとすること，しぐさを交えて表現しようとすること）に優れている児童がいるのである。

③ 　他教科の授業での知見から，担任は視覚的に効果のあるピクチャーカードや写真，実物，模型などを多用していた。そうした教具を記憶にとどめておくことのできる児童が多いことがわかった。外国語（英語）活動には，視覚に訴える教具を開発することでよりいっそう効果があがると考えた。

④ 　音楽の時間ではピアノの音をしっかりと聴き，教師の口の形を注視し，歌の模倣をしようとしていた。これは言語活動には必要不可欠なことであり聴覚が発達している児童もいることから言語活動に有効である。

第4章 これまでの指導計画をふりかえって

1 指導1年目（2007年7月～2008年3月）

(1) 指導者

　指導者JTEをT_1(主たる指導者)として，すべて英語による活動とした。担任(4名)，講師(1名)，介助員(3名)，そして私の9名はT_2として，児童一人一人に英語と日本語によるコミュニケーション上の支援を行った。

(2) 活動回数　年間15回

(3) 目標

① 英語活動の楽しさ，英語を使ってコミュニケーションする喜びを体験することで，言語によるコミュニケーションへの関心・意欲を育む。

② 英語の歌，リズム遊び，ゲーム，全身を使った活動等を通して，英語の音声に慣れ親しむとともに，積極的にコミュニケーションを図ろうとする素地を養う。

(4) 年間指導計画

　生活に身近で，積極的にコミュニケーションを図りたくなるテーマやトピックを次のように選択した。

月	題材と目標	内容・基本表現 （ ）内は扱う語彙	歌
7月	あいさつをしよう	Hello, nice to meet you. My name is ------. What's your name? （I, your, am ,my など）	Hello Song
	おげんきですか？ 数で遊ぼう（1から10）	How are you? 　I'm fine and you? 　I'm fine, thank you. From one to ten.	Seven Steps
9月	これ、英語でなんて言うの？―野菜と果物	[What's this ?] 　（It's an）apple.（食べ物，果物）	Good-bye Song
10月	今日は何曜日？	[What day is today?] 　It's Sunday.（曜日）	The Days of the Week.
	季節と月	[Which season do you like?] 　I like fall. November is fall.（月，季節）	Twelve Months
	お天気はどう？ 〈お話タイム〉	[How's the weather?] 　It's sunny today. 　（It's ---. 天候の言い方） ハロウィーン	Weather Song
11月	色で遊ぼう	[Do you like blue?] 　Yes, I do. / No, I don't. Blue, please. Here you are. Thank you. （You are welcome.）	Sing a Rainbow Head, Shoulders, Knees and Toes
	好きな動物は？	[What animals do you like?] 　I like dogs. いろいろな動物： 鳴き声クイズ （動物の名前）	
12月	もうすぐクリスマス …クリスマスツリーを飾ろう	Merry Christmas! （クリスマスにちなんだ語彙）	We wish you a Merry Christmas.
1月	君の干支は？	What is your *eto*? Who is the dragon? What is this year's *eto*? 　It's a mouse. 　（mouse, cow, tiger, rabbit, dragon, snake, horse, sheep, monkey, rooster, dog, wild bore）	Good-bye to You
	体の名前を覚えよう	Touch your nose. 　（nose, eye, lip, ear, mouth）	Head, Shoulders, Knees and Toes

2月	何の形？	[What shape is this?] It's a circle.(形を表す名詞)	Red, yellow, blue and green
	形で遊ぼう	[What is this?] It's a house. (house, window, roof, wall)	
	あれは何？	[What's that?] It's a desk. (教室にあるもの。机，時計等)	BINGO
3月	消しゴムかしてね	(Do you have an) eraser? (I want a) pencil. Stapler, please. (文房具)	
	お話を楽しもう	The Very Hungry Caterpillar (『はらぺこあおむし』)	ABC Steps
	英語お楽しみ会(総復習)	これまでの既習事項の復習	

(5) 児童の実態

① 2007年7月：児童15名（1年：5名，2年：1名，3年：2名，4年：1名，5年：2名，6年：4名）のうち，広汎性発達障がい（高機能自閉症：6名，自閉症：3名）が9名，ダウン症が3名，LDが1名，ADHDが2名である。障がいの程度や疾病，発作の状態から医療機関等と密接な連携を必要とする。

② 教育上の共通の課題：他者とのコミュニケーション力，自己コントロール力等の獲得である。

(6) 個別指導計画の作成

個々の児童の教育ニーズに対応するため，個別指導計画（各教科，道徳の時間，英語活動，特別活動を内容とする）を作成している。

2 指導2年目(2008年4月~2009年3月)

(1) **指導者**

　基本的には1年目と同じである。JTEをT_1として,すべて英語による活動とした。担任(4名),講師(1名),介助員(3名),そして私の9名がT_2として,児童一人一人に英語と日本語によるコミュニケーション上の支援を行った。

(2) **目標**
① 英語活動の楽しさ,英語を使ってコミュニケーションする喜びを体験することで,言語によるコミュニケーションへの関心・意欲を育む。
② 英語の歌,リズム遊び,ゲーム,全身を使った活動等を通して,英語の音声に慣れ親しむとともに,積極的にコミュニケーションを図ろうとする素地を養う。

(3) **活動回数**　年間20回

(4) **年間指導計画**

　1年目同様,児童にとって生活に身近で積極的にコミュニケーションを図りたくなるようなテーマやトピックを選択した。年間指導計画は2ヶ月で1テーマ(単元)を扱うなど,前年よりも内容量を少なくし,余裕をもって指導ができるよう配慮した。目標は前年と同様である。

月	テーマ	活動内容	歌
4月 5月	〈あいさつ①〉 (気持ち) (曜日・天気)	Hello. I'm 〜. Good morning. Good bye. Nice to meet you. How are you? 　I'm good / happy / sad / angry / 　sleepy / sick / hungry / hot / cold. [What day is today?] 　[It's] Monday / Tuesday / Wednesday 　/ Thursday / Friday / Saturday / Sunday. [How's the weather today?] 　[It's] sunny/ cloudy/ rainy.	Hello Song Good-bye Song The Days of the Week, Weather Song
6月 7月	〈数で遊ぼう〉 (1〜10までの数) (果物・野菜)	[What number is this?] 　one, two, three, four, five, six, seven, 　eight, nine, ten [What fruit (vegetable) is this?] 　[It's] (a / an) tomato, apple, cucumber, 　orange, grape, banana, eggplant, green 　pepper.	Seven Steps
9月 10月	〈これは何？〉 (色の名称) (動物)	[What color is this?] 　[It's] red, yellow, pink, green, purple, 　orange, blue [What animal is this?] 　[It's] (a) dog, cat, elephant, panda, 　koala, bear, frog, cow, lion, pig, 　penguin, gorilla, mouse, sheep.	BINGO チャンツ The Wiggle Book
11月	〈体に親しもう〉 (体)	Touch your nose / eye, eyes / hand, hands /ear, ears / mouth /toe, toes.	Head, Shoulders, Knees and Toes
12月	〈クリスマスを祝おう〉	絵本　The Snowman	We Wish You a Merry Christmas
1月 2月	〈お話を楽しもう〉 (読み聞かせ)	絵本・The Very Hungry Caterpillar 　　・Brown Bear	
3月	〈動物園を作ろう〉 (1年間の復習)	Let's make my zoo. [What's this?]　Two lions. [How many lions?]　Four lions. This is my zoo.	1年間に習った歌

(5) 児童の実態

　6年生が4名卒業し，1年生が7名加わったことで20名に増えた（1年：7名，2年：6名，3年：2名，4年：2名，5年：1名，6年：2名）。広汎性発達障がい（高機能自閉症：9名，自閉症：3名）が12名，ダウン症3名，LDが2

名，ADHDが3名である。1・2年生が3分の2を占めることから，学級の実態も大きく変化した。

3 評価について

英語活動で重要な児童の変容について，客観的評価を2通りで実施した。1つは「英語活動評価観点・規準」を作成した。2つ目はすべての教育活動で得られる「基本的生活習慣の自立の程度」，「言語交流の発達」，「社会性の発達」である。2007年11月から現在まで個別指導計画を作成し，児童一人一人について下記の(1)英語活動評価観点（A～C）と規準（①～④）で毎時間記録してきた。(2)についてもJTE，担任，介助員，そして私で，公正かつ客観的に意見を求め評価した。

(1) 英語活動評価観点・規準
児童の特性を考慮し，以下の3観点各4評価規準とした。

A：コミュニケーションへの関心・意欲・態度
 ①英語活動に関心をもち進んで参加しようとしている。
 ②JTEやHRT，友だちの様子に自ら進んで注目している。
 ③JTEやHRT，友だちからの働きかけに応じ，積極的に関わっている。
 ④JTEやHRT，友だちに働きかけ，進んでやり取りをしている。
B：コミュニケーション能力（理解・表現）
 ①JTEのしぐさや音声をまねている。
 ②繰り返される表現や指示がわかっている。
 ③JTEやHRTの働きかけに身振りや言葉で応じている。
 ④自分の意思をJTEやHRTに身振りや言葉で表現している。
C：言葉や文化についての関心・意欲・態度
 ①英語活動であることがわかり参加している。

> ②英語の音声や外国の音楽に親しみながら,楽しく歌ったり踊ったりしている。
> ③日本語と英語の違いに気付いている。
> ④日常生活の場でも英語で話そうとしている。

(2) 「東京都公立小学校・中学校特別支援学級児童生徒実態調査規準」の活用

毎年1度,東京都教育員会が実施する調査である。これにより児童の学校生活,家庭生活での実態や成長の過程がわかる。記入は担任であるが,全担任と私で事前に評価項目を協議し,共通理解を図って実施するものであり,公平性を保っている。本研究に関わる3項目を紹介する。規準は Level 1 (L1)~Level 5 (L5)までであり,項目は以下の通りである。

> ① 「基本的生活習慣の自立の程度」
>   L1:通常の子どもの発達
>   L2:介助がなくてもほぼ一人でできる
>   L3:一人でできるが,部分的な介助が必要である
>   L4:大部分の介助が必要である
>   L5:全面的な介助が必要である
> ② 「言語交流の発達」
>   L1:通常の子どもの発達
>   L2:簡単な事柄を言語で交流できる
>   L3:どうにか言語ができて,ほぼ応答できる
>   L4:数個の単語ができて,担任や特定の人のみ伝えられる
>   L5:発声のみで言葉はない
> ③ 「社会性の発達」
>   L1:通常の子どもの発達を示す
>   L2:対人関係が成立し,集団行動がほぼできる
>   L3:ほぼ対人関係が成立し,小集団に参加できる
>   L4:担任や特定の人のみ,関係が成立する
>   L5:ほとんど興味や関心を示すことがない

第5章 子どもたちの成長の記録

1　Aさん　女児　3年生（広汎性発達障がい）

英語活動が始まる前のAさんは

- 集団活動に参加することが苦手です。また，友だちと一緒に仲良く勉強することが，不得手でした。
- 初めての場所や人が苦手で，慣れるまでに時間がかかりました。なんでも一番でないと気が済まず，なれないとわかると泣いてしまうことがありました。
- 自分の思いが通らないと，ときどき友だちとトラブルになってしまいました。すぐに行動したくなるタイプで，急に走り出したりして，人やものにぶつかってしまうことがありました。
- 話をすることが，あまり好きではありません。言われたことや，やることの順番を覚えることが少し困難でした。
- 自分の身近な出来事などを話すことが少し苦手でした。
- 周囲の友だちを見てまねすることが上手でした。
- 絵を描くことや音楽が大好きで，図工や音楽にはいつも楽しく参加していました。

Aさんと英語活動

実施日:2007年7月2日(月)
単元名:『英語を楽しもう』(最初の英語活動)

児童の活動	HRT(担任)の活動	JTEの活動
1. あいさつをする。 ・ネームタグを受け取る。	・児童と一緒に元気よくあいさつをする。 ・児童と同様にネームタグを受け取り,学習者としての規範を示す。	・Hello. Let's start. ・I'll pass you the name tags.
2. 自己紹介をする。 ・HRTに自己紹介をする。 	・デモンストレーションをする。 HRT:Hello. My name is 〜. JTE:Hello. My name is 〜. HRT:Hello. My name is 〜. C₁ :Hello. My name is 〜. ・個に応じた支援を行う。	 ・一人一人の児童に自己紹介し握手をする。

　英語活動が始まったばかりのAさんは,あまり興味がない様子で,あいさつやネームタグの受け取りなどにもとても消極的でした。その後の自己紹介でも,声は小さくあまり聞き取れない感じでした。

実施日：2007年10月15日（月）
単元名：『今日は何曜日？』

児童の活動	HRT(担任)の活動	JTEの活動
1．あいさつをする。 ・Hello Song を歌う。	・児童と一緒に元気よくあいさつをする。 ・個に応じた支援をする。	・Hello. Let's start. ・Let's sing the Hello Song.
3．曜日を知る ・曜日の表現を聞く。 4．天気を知る ・今日の天気を知る。 ・天気の歌を歌う。	・絵カードを黒板に貼り，CDに合わせて指し示す。 ・It's Monday. ・絵カードを黒板に貼る。 ・デモンストレーションをする。 HRT：How's the weather today? JTE：It's sunny (rainy / cloudy / windy).	・Let's listen to the Day of the week. ・What's the day today?

　10月になると，もともと歌がとても好きだったAさんは，英語の歌に大変興味を示すようになり，Hello Song(指導案の1)やWeather Song(指導案の4)を体全体で楽しく歌えるようになってきました。

　歌が好きになったことで，英語活動に対する抵抗も少し薄れてきました。活動の始めに，JTEからネームタグを受け取るときも笑顔で受け取ることが多くなってきました。

　色についての活動をした翌日は，私の "What color is it?" の質問に "It's pink." と答えるなど，英語活動を通して，担任以外の大人とも関われるようになってきました。

　さらに，別の日には，私が自分の着ているスーツを指差しながら "What color is it?" と尋ねたところ，上着を black, ズボンを black, そして靴を black, "Three black." と応えました。表現は正確ではありませんでしたが，Aさんの心のなかには，「英語が気に入って，英語でコミュニケーションを図ろうとする気持ち」が芽生えたようです。

実施日：2007年11月26日（月）
単元名：『好きな動物は？』

児童の活動	HRT（担任）の活動	JTE の活動
1．あいさつをする。 ・Hello Song を歌う。	・児童と一緒に元気よくあいさつをする。 ・個に応じた支援をする。	・Hello. Let's start. ・Let's sing the Hello Song.
2．体調や気持ちの表現を知る。 ・体調や気持ちを表現する。	・デモンストレーションをする。 HRT：How are you? JTE ：I'm happy. JTE ：How are you? C₁ ：I'm happy. JTE ：How are you? C₂ ：I'm sad (angry / sleepy / sick). ・言葉，身振り，指し示し等の表現で個に応じた支援をする。	・絵カードを提示しながら発音し，まねをさせる。
4．動物の名称を知る。 ・動物の名前を声に出して言う。	・児童と一緒に声に出して言う。 ・個に応じた支援を行う。	・フラッシュカードで確認させる。 dog (cat, elephant, panda, koala, cow, bear, deer, frog, lion, pig, penguin, gorilla, rooster, mouse, sheep)

11月には，JTE の音声を聴いて，cat など(指導案の 4)と a の発音が正しくできるようになりました。さらに，積極的に参加できるようになってきました。

　体調や気持ちの表現(指導案の 2)などでも，JTE とのやり取りを楽しむ様子が見られるようになってきました。

　その反面，JTE ともっとたくさん関わりたいという気持ちから，順番を守ったり友だちと交代したりすることがいやだと言って泣いてしまうこともありました。

〈動物の絵カード〉

第5章 子どもたちの成長の記録

実施日：2008年1月26日（月）
単元名：『買い物遊びをしよう』

児童の活動	HRT（担任）の活動	JTE の活動
1．あいさつをする。 ・ネームタグを受け取る。 ・Hello Song を歌う。	・児童と一緒にあいさつをする。 ・児童と同様にネームタグを受け取る。 ・個に応じた支援をする。	・Hello. Let's start ・I'll pass you the name tags. ・Let's sing the Hello Song.
4．買い物遊びをする。 ・果物や野菜の名前を知る。	・It's a tomato. ・デモンストレーションをする。	・What's this? ・模型を提示しながら発音し，まねをさせる。
	JTE：Orange, please. HRT：Here you are. JTE：Thank you. HRT：You're welcome.	
・買い物遊びをする。	・果物や野菜，色の表現がわからない児童に，個別に支援する。	
HRT：Orange, please. C ：Here you are. HRT：Thank you.		
	・言葉，身振り，指し示し等で表現できるよう個に応じた支援をする。	

12月になると，英語活動の時間をとても楽しみにしながら待ちわびていることが多くなりました。また苦手だった，順番を守ることができるようになりました。少し忍耐強くなりました。

　1月は，コミュニケーション体験活動を重視するため，担任と児童，または児童同士がコミュニケーションし合う場面（指導案の4）を設定しました。

　1月の末になると，友だちとのやり取りで，相手が正確に応えられずに困っていると，代わりにそっとささやいて教えるようになりました。大人とのやり取りの場面では，Aさんが店員になり，"May I help you?" と元気な声で明るく接客することができるようになりました。

〈野菜・果物の実物大模型〉

実施日：2008年2月18日（月）
単元名：『何色？　どんな形？』

児童の活動	HRT（担任）の活動	JTEの活動
2．体の部分の名前を知る。 C：Head, shoulders, knees, toes ・タッチゲームをする。	・It's a head (shoulder, knee, toe). ・体の部分の名前がわからない児童に，個別に支援する。	・What's this? ・絵カードを見せながら質問する。 ・Touch your knees (shoulders, head, toe).
3．色の復習をする。 ・色の名前を言う。 C：yellow / blue / brown / red / pink / green	・色の名前がわからない児童に，個別に支援する。	・What color is this? ・フラッシュカードを見ながら質問する。 ・It's yellow (blue / brown / red / pink / green).
4．形を知る。 C：circle / triangle / rectangle. C₁：Red. (green / yellow) C₂：It's a red circle.	・黒板に貼られた形を指し示す。	・What's shape is this? ・It's a circle (triangle / rectangle). ・What color of the circle?

2月になると，色(指導案の3)や形(指導案の4)などを理解し，積極的に表現しようとしていました。"light"や"dark"の違いも理解して正しく表現することができるようになりました。曜日の表現も，しっかりと頭に入ったのか，ピクチャーカードの並べ替えが正しくできるようになりました。
　いろいろな表現に興味や関心がもてるようになったのでしょうか，英語に対する知的好奇心がさらに高まり，家庭でも，英語のテレビ番組を好んで見るようになりました。
　4月になると，英語活動の時間は，真っ先に教室に入って来る姿が見られるようになりました。4年生としての自覚も芽生え，下学年に優しくしたり，相手の立場になって考えたりすることができるようになってきました。また，自分の考えや思いと異なることに対しても，泣いたり怒ったりする場面がほとんどなくなりました。友だちの意見や考えに従おうとする様子が見られるようになりました。
　こうした行動からうかがえることは，英語を通してコミュニケーションすることの楽しさを十分に味わえるようになってきたこと，そして，英語活動に対してもっと深く学習したい気持ちが深まったと考えます。
　5月には，外国にふれるドキュメンタリーやクイズ番組などに注目するようになりました。また，自分の話している英語が外国人に通じるのかどうかを母親に確認したりすることがありました。異文化に対する興味や関心が大きく育ってきた様子が見られます。

実施日：2008年6月2日（月）
単元名：『数で遊ぼう』

児童の活動	HRT（担任）の活動	JTE の活動
2．体調や気持ちを表現する。		・絵カードを提示しながら発音し，まねをさせる。
	・デモンストレーションをする。	
・体調や気持ちを表現する。	JTE：How are you? HRT：I'm happy.	
JTE：How are you? C₁：I'm happy. JTE：How are you? C₂：I'm sad (angry / sleepy / sick).		
	・言葉，身振り，指し示し等で表現できるよう個に応じた支援をする。	
3．数の表現を知る。 ・数を言う。	・(It's) one.	・What number is this? ・数字カードを提示しながら質問する。 ・Let's count from one to seven.
・Seven Steps を歌う。	・数の表現が難しい児童に個別に支援をする。	・Let's sing the Seven Steps.

6月は,自分の体調や気持ちを絵カードを使って表現したり(指導案の2),数の歌(指導案の3)を歌ったりしました。
　自分の体調や気持ちを伝える活動では,ほとんどの児童が絵カードを見ながら,あるいは絵カードを指し示しながら,自分の気持ちを表現していました。しかしAさんは,絵カードを見ずにJTEの質問に答えることができました。
　7月には,BINGOというアメリカ民謡を教材に取り入れました。担任の寸劇を取り入れた活動を展開する等の工夫をしたことで,どの児童も非常に興味をもって活動に取り組み,すぐに曲を覚えて楽しく歌うことができました。なかでもAさんは,歌詞をしっかりと覚え,手がかりとなるイニシャルの提示が全くなくても正確に歌うことができました。

実施日：2008年9月22日（月）
単元名：『買い物遊びをしよう』

児童の活動	HRT(担任)の活動	JTEの活動
〜〜〜〜〜	〜〜〜〜〜	〜〜〜〜〜
4. 買い物遊びをする。 ・数の歌を歌う。 ・果物や野菜の名前や数を表現する。	・児童と一緒に歌う。 ・デモンストレーションをする。	・Let's sing the Seven Steps. ・What's this? ・模型を提示しながら質問をする。
JTE ：How many apples? C_1 ：Two.		

```
JTE : Five oranges, please.
HRT : Here you are.
JTE : Thank you.
HRT : You're welcome.
```

- 言葉，身振り等で表現できるよう個に応じた支援をする。

```
JTE(HRT) : Five grapes, please.
       C₁ : Here you are.
JTE(HRT) : Thank you.
       C₁ : You're welcome.

JTE(HRT) : Seven apples, and two lemons, please.
       C₄ : Here you are.
JTE(HRT) : Thank you.
       C₄ : You're welcome.
```

9月の買い物遊び(指導案の4)では，複数形の表現は特に取り上げていなかったにもかかわらず，JTE が "Three bananas" と発音しているのをしっかりと聴いていて，複数の野菜や果物に，複数形の s をつけて発音するようになりました。

英語活動を通して自分を表現しようとする気持ちがさらに育ってきました。買い物遊び(指導案の4)では表情豊かに自分の意思を伝えたり，デモンストレーションをするときの JTE や HRT の動作などをよく見てまねたりすることができるようになってきました。

10月に開かれた，英語活動について担任との話し合いでは，Aさんは通常学級(同学年)の児童と同等のレベルに達していることが話題になりました。

実施日：2008年12月1日（月）
単元名：『1年を振り返ろう』

児童の活動	HRT（担任）の活動	JTE の活動
2．月，曜日，天気を知る。 ・月の歌を歌う。 ・月のカードを並べる。	・カードを黒板に貼り，曲に合わせて指し示す。 ・黒板にカードをランダムに貼る。	• Let's sing the Twelve Months.
JTE : What month is it today? C₁ : It's December.		
・今日の曜日を確かめる。	・絵カードを黒板に貼り，CD に合わせて指し示す。	• Let's listen to the Day of the week.
JTE : What's the day today? C₂ : It's Monday.		
・今日の天気を確かめる。	・絵カードを黒板に貼る。	
JTE : How's the weather today? C₃ : It's sunny (rainy / cloudy).		

　12月は，12ヶ月の復習をしました。
　Aさんは，黒板にランダムに貼られている12枚の月カードを Twelve Months の歌に合わせながら，自信をもって正しく並べ直すことができました。（指導案の2）

実施日：2009年1月26日（月）
単元名：『買い物遊びをしよう』

児童の活動	HRT（担任）の活動	JTE の活動
3．買い物遊びをする。 ・知っている色を言う。	・色の名前が言えない児童の支援をする	・What color is this?
C : It's red (yellow / green / orange / purple / brown / light green).		
・買い物遊びをする。	・デモンストレーションをする。	
HRT：Two apples, please. JTE ：Here you are. HRT：Thank you. JTE ：Yellow fruits, please. HRT：Here you are. JTE ：Thank you.		
		・Let's go shopping.
HRT：Two apples, please. C₁ ：Here you are. HRT：Thank you. C₂ ：Yellow fruits, please. HRT：Here you are. C₂ ：Thank you.		
	・果物や野菜，数字の表現がわからない児童や自信のない児童に，個別に支援する。	

「買い物遊びをしよう」(指導案の3)では，Aさんは，Bさんとペアーで店員と客の役をしました。店員の役のときは自信をもってコミュニケーションをしていました。

Aさん："May I help you?" （社会言語学的能力）
Bさん："Apple, please." （談話能力）
Aさん："Here you are." （談話能力）
Bさん："Thank you." （社会言語学的能力）

また，JTEとのやり取りでも，JTE(店員)に自分の欲しいものをしっかりと注文し，最後に"Thank you."を忘れずに言いました。

2月には，友だちと一緒に歌やチャンツを十分に楽しんでいる様子が見られました。「買い物遊びをしよう」では，友だちが困っているときに，友だちの欲しいものを代わりにお店の人に伝えてあげたり，表現のしかたを教えてあげたりする様子が見られました。

友だちがうまく伝えることができたことを，自分のことのように一緒になって喜んでいる姿が見られました。

3月のある朝，私が校門でAさんに，絵本の『BROWN BEAR』の一部分を言うと，その先を続けて言いました。英語活動を通してコミュニケーションしようとする力がいっそう高まった様子が見られます。

英語活動のある日は，Aさんの登校時刻がいつもより早いことからも，期待感の高さがうかがえます。

第5章 子どもたちの成長の記録

[英語活動を通して成長したこと]

　Aさんは、英語活動に意欲的に参加しながら、JTE、担任、友だちと積極的にコミュニケーション活動を行い、ねらいを十分に達成することができました。

◆コミュニケーションへの関心・意欲・態度◆
・目を輝かせ、JTEや担任、友だちの様子に自ら進んで注目していました。
・「買い物遊びをしよう」ではJTE、担任、友だちからのはたらきかけに応じ、積極的に関わっていました。

◆コミュニケーション能力の向上◆
・JTEのしぐさや音声をよく見てまねていました。
・英語活動を通してコミュニケーション活動を楽しみ、友人とも明るく接していました。

◆言葉や文化についての関心・意欲・態度◆
・英語の音声や音楽に親しみながら、楽しく歌ったり踊ったりしていました。
・Hello Songは活動の時間が待ちどおしい表情で歌い、Goodbye Songでは終了時間を残念がる様子で歌っていました。
・日常生活の場(例えば校門の挨拶等)でも英語で話そうとしていました。

　Aさんは、英語活動以外でも、このようなところが成長しました。
・学級の友だちと一緒に力を合わせてがんばることができるようになってきました。
・自分のことだけではなく、学級のことを考えて行動できるようになってきました。
・常に自分がなんでも最初にやりたいという気持ちを抑えることができるようになってきました。

- 宿泊学習などの行事にも見通しをもち，落ち着いて参加できるようになりました。
- 話をよく聞いて，落ち着いて行動できることが多くなりました。
- 自分の考えや思いを言葉でしっかりと伝えられるようになりました。
- 友だちにやさしく声をかけたりすることができるようになりました。
- 絵を描いたり歌ったり踊ったりすることが，ますます上手になりました。

考　察

A児は英語活動のスタート当初から積極的に授業に参加している事例である。英語活動に強い関心をもち，JTEや校長の英語での問いかけにも臆することなく，応えていこうとする態度を日常示した。児童のなかで，最も高い順応性を示している。理由の１つに家庭での支援がある。英語のTV番組の視聴，あるいは海外旅行を通しての異文化や異言語に対する興味・関心が培われていると思われる。

英語活動以外の授業(国語，算数，音楽)にも積極性を示してきた。例えば，音楽の授業ではしっかりとした発声で歌うことができるようになった。休憩時間ともなると，以前は教室内での遊びが多かったが，今では，校庭で友人と遊びに興じている姿を見かけるようになった。英語活動を通して，社会性が育まれ，言語交流も活発になった。自信をもち笑顔を絶やさず自ら進んで明るく振る舞い，ALT，担任そして友人に話しかけ，友だちを思いやる広い心が育まれてきた。

かつて，自分の思いが実現しない場合，大声で泣いて注目を浴びようとしていたが，現在では耐性が見られるようになってきた。また，音楽会において堂々と歌う様子からは自己

表現力の素地が培われてきた。

担任の総合所見

　英語活動の時間では JTE，担任，友だちに対して積極的に英語を通してコミュニケーション活動をしている。意欲をもって参加している様子が十分にうかがえる。また，学級のまとまりを意識した行動ができるようになってきた。自分のことだけではなく，学級のことを考えて行動する場面が見られた。常に自分がなんでも最初にやりたいという気持ちを，徐々にだが抑えることができるようになってきている。また，宿泊学習にも見通しをもち，参加することができた。

英語活動を通して獲得した力

　Aさんは「生きる力」の資質・能力となるために必要な以下のような力を獲得することができました。

「共生」につながる：
- 広い視野（異文化理解）
- 思いやりの心（相互理解）
- 明るい心
- 豊かな心

「自己決定行動」につながる：
- 積極的・意欲的な心
- 自己表現力

「主体性」につながる：
- 自己の確立
- 自己コントロール

2　Bさん　男児　4年生（広汎性発達障がい）

英語活動が始まる前のBさんは

- 友だちと一緒に遊んだり過ごしたりすることより，一人で好きなことをして過ごすほうが好きでした。
- コミュニケーションがうまくとれないため，友だちとトラブルになることがありました。
- 特定の人には自分から話しかけることもありますが，どちらかというと人と話をすることが苦手でした。
- 長い時間落ち着いて座っていたり，1つのことをやり続けたりすることは，あまり好きなほうではありませんでした。
- ひらがなやカタカナを，自分の好きな書き方で，書くことができました。
- ハサミで紙を切ったり，鉛筆で字を書いたりすることが得意でした。
- 大人の話を聞くことが不得手で，話をよく聞いて行動することも苦手でした。
- 興味のあることには集中して取り組むことができましたが，途中でやめて，次の行動に移ることができませんでした。
- 人にあいさつをしたり，相手に話しかけられたりすることが，あまり好きではありませんでした。

Bさんと英語活動

実施日：2007年7月2日（月）
単元名：『英語を楽しもう』（最初の英語活動）

児童の活動	HRT（担任）の活動	JTEの活動
1．あいさつをする。 ・ネームタグを受け取る。	・児童と一緒に元気よくあいさつをする。 ・児童と同様にネームタグを受け取り，学習者としての規範を示す。	Hello. Let's start. I'll pass you the name tags.

　日ごろ，初めてのことに取り組むことが不得手なBさんは，英語活動に対する苦手意識が強く，抵抗感を示して積極的ではありませんでした。

　7月，JTEからネームタグを受け取るとき（指導案の1），JTEをにらみながらネームタグを力任せに奪ってしまうなど，少々乱暴な態度が見られました。きっと「何を学習するのだろう？」と不安だったのでしょう。

　9月に入り，徐々に英語活動に慣れるとともに，落ち着いてネームタグを受け取ったり，Hello Songを歌ったりする様子が見られるようになってきました。JTEへの信頼感から生じたのでしょう。

実施日：2007年10月15日（月）
単元名：『今日は何曜日？』

児童の活動	HRT（担任）の活動	JTEの活動
〰〰〰〰〰〰〰〰	〰〰〰〰〰〰〰〰	〰〰〰〰〰〰〰〰
2．体調や気持ちの表現を知る。 ・体調や気持ちの表現を聞く。 ・体調や気持ちを表現する。	・デモンストレーションをする。 JTE ：How are you? HRT：I'm happy.	・絵カードを提示しながら発音し，まねをさせる。
JTE ：How are you? C₁ ：I'm happy. JTE ：How are you? C₂ ：I'm sad (angry / sleepy / sick).		
	・言葉，身振り，指し示し等で表現できるよう個に応じた支援をする。	

　10月の活動では，感情表現の場面(指導案の2)で，指名されるたびに，angryと，動作を交えながら表現していました。それは，もしかすると，Bさんの本心だったのかも知れません。

　感情表現では通常学級の児童よりも素直に英語で表現することがあります。障がいのある児童は思っていることを純粋に率直に言います。

JTEと感情表現の絵カード

実施日：2007年11月26日（月）
単元名：『好きな動物は？』

児童の活動	HRT（担任）の活動	JTEの活動
1．あいさつをする。 ・Hello Song を歌う。	・児童と一緒に元気よくあいさつをする。 ・個に応じた支援をする。	・Hello. Let's start. ・Let's sing the Hello Song.
2．体調や気持ちの表現を知る。 ・体調や気持ちを表現する。	・デモンストレーションをする	・絵カードを提示しながら発音し，まねをさせる。
	JTE：How are you? HRT：I'm happy.	
JTE：How are you? C₁：I'm happy. JTE：How are you? C₂：I'm sad (angry / sleepy / sick).		
	・言葉や身振り等で表現できるよう個に応じた支援をする。	
3．曜日と天気を知る。 ・曜日の表現を聞く。 ・曜日カードを並べる。 ・天気の表現を聞く。	・絵カードを黒板に貼り，CDに合わせて指し示す。 ・It's Monday. ・絵カードを黒板に貼る。 ・デモンストレーションをする。	・Let's listen to The Day of the week. ・What's the day today?
	JTE：How's the weather today? HRT：It's sunny (rainy / cloudy / windy).	

11月になると，英語活動の楽しさが実感できたようです。心に余裕が感じられるようになり，JTEに対しても穏やかに接することができるようになってきました。感情表現にもそれが現れてきました。"I'm happy."がすんなりと口から出てくるようになりました。

　また，友だちの様子にも注目できるようになり，友だちが間違えたりすると，大きな声で"No. No."(違っているよ)と伝えられることが多くなりました。

　活動の場面では，黒板にランダムに貼ってある1週間の絵カード(指導案の3)を，SundayからSaturdayまで正しく並べ替えます。JTEが絵カードを逆さまにして黒板に貼ったのを見て，大きな声で"Up side down!"と言うなど，積極的に参加している様子が見られるようになりました。

　12月に入ると，友だちと一緒に活動する楽しさが実感できたことから，友だちに対する関心や思いやりの気持ちも芽生え，いらいらしてあげくの果てにトラブルになったりすることが確実に少なくなりました。

　ある日の授業では，12ヵ月のカードが1枚足りないことに気付き，「カードが足りません」と，JTEに自分から伝えました。JTEの「なにが足りないの？」の問いかけに，足りないカードの月の名をしっかりと伝えられました。それをみんなにほめられました。とてもうれしそうにしていました。

第5章 子どもたちの成長の記録

実施日：2008年1月26日（月）
単元名：『買い物遊びをしよう』

児童の活動	HRT（担任）の活動	JTEの活動
1．あいさつをする。 ・ネームタグを受け取る。 ・Hello Songを歌う。	・児童と一緒にあいさつをする。 ・児童と同様にネームタグを受け取る。 ・個に応じた支援をする。	・Hello. Let's start. ・I'll pass you the name tags. ・Let's sing the Hello Song.
4．買い物遊びをする。 ・果物や野菜，色の名前を知る。	・It's a tomato. ・デモンストレーションをする。	・What's this? ・模型を提示しながら発音し，まねをさせる。
	JTE：Orange, please. HRT：Here you are. JTE：Thank you. HRT：You're welcome.	
・買い物遊びをする。	・果物や野菜，色の表現がわからない児童に，個別に支援する。	
HRT：Orange, please. C　：Here you are. HRT：Thank you.		
	・言葉，身振り，指し示し等で表現できるよう個に応じた支援をする。	

冬休みが明けました。久しぶりに実施された英語活動は色の名前です。早速，色の名前を質問されたBさん，yellowが思い出せずにいらいらしてしまいました。JTEが "No."（わかりません）と答えればよいことを何度もアドバイスしてくれました。でもどうしてもそれを受け入れることができませんでした。自閉症傾向の児童はものごとに強いこだわりを示します。また場合によっては，頑固で聞き入れないことがあります。

　買い物遊び（指導案の4）で店員の役をしましたが，果物や野菜の模型を投げるなど乱暴に扱いました。また，客の友だちから思い通りの答えが返ってこないことにとてもいらいらして感情を高ぶらせました。この日の活動は最後まで落ち着かない様子でした。

実施日：2008年2月18日（月）
単元名：『何色？　どんな形？』

児童の活動	HRT（担任）の活動	JTE の活動
2．からだの部分の名前を知る。 C：head, shoulders, knees, toes ・タッチゲームをする。	It's a head (shoulder, knee, toe). ・体の部分の名前がわからない児童に，個別に支援する。	・What's this? ・絵カードを見せながら質問する。 ・Touch your knees (shoulders, head, toes).
3．色の復習をする。 ・色の名前を言う。 C：yellow / blue / brown / red / pink / green	・色の名前がわからない児童に，個別に支援する	・What color is this? ・フラッシュカードを見ながら質問する。 ・It's yellow (blue / brown / red / pink / green).
4．形を知る。 C：circle / triangle / rectangle. C：red (green / yellow). C₂: It's a red circle.	・黒板に貼られた形を指し示す。	・What shape is this? ・It's a circle (triangle / rectangle). ・What color of the circle?

Bさんは音楽を聞きながら歌ったり踊ったりすることがあまり好きではありません。JTEが言った体の部位をさわったり，動作を交えたりしながら歌うとき(指導案の2)，みんなから少し離れて友だちの様子を見ていました。
　ところが席に座って，JTEが「さあ，もう一度歌いましょう」と言われたときは，友だちの楽しそうな表情を見てつられたのか，笑みを浮かべながら歌を口ずさんでいました。
　4月になり新1年生が仲間入りしました。するとBさんは上級生としての自覚をもったのでしょう，下級生にやさしく接することができるようになってきました。以前はあまり好んで歌っていなかったHello Songをジェスチャーも交えて表情も豊かに歌うようになりました。きっと下学年の手前，先輩風を吹かしたのかもしれません。
　5月の買い物遊びでは，客になり，JTEの支援を受けながら，自分の欲しい果物や野菜をはっきりとした英語で店員に伝えていました。

第5章 子どもたちの成長の記録

実施日：2008年6月2日（月）
単元名：『数で遊ぼう』

児童の活動	HRT（担任）の活動	JTEの活動
2．体調や気持ちを表現する。 ・体調や気持ちを表現する。 JTE：How are you? C₁：I'm happy. JTE：How are you? C₂：I'm sad (angry / sleepy / sick).	・デモンストレーションをする。 JTE：How are you? HRT：I'm happy. ・言葉，身振り，指し示し等で表現できるよう個に応じた支援をする。	・絵カードを提示しながら発音し，まねをさせる。
3．数の表現を知る。 ・数を言う。 ・Seven Steps を歌う。	・(It's) one. ・数の表現が難しい児童に個別に支援をする。	・What number is this? ・数字カードを提示しながら質問する。 ・Let's count from one to seven. ・Let's sing the Seven Steps.

6月には，自分の体調や気持ち(指導案の2)を問われると，happyやsleepy等と，自分の気持ちをしっかりと表現することができるようになりました。英語活動をさらに楽しんでいる様子が感じられるようになりました。感情表現は友だち同士でもコミュニケーション活動させてみました。でもなかなか円滑には進みません。まずは教師との会話となりました。

　数の歌(指導案の3)にも，少し興味がでてきたようです。声をだして楽しそうに歌う様子が見られるようになりました。算数や体育でも積極的に数の英語を使用するとよい影響を与えます。

　BINGOの歌はとても気に入ったようです。二之江小学校の行事である音楽会でも人一倍大きな声で元気よく歌っていました。リズミカルでテンポのよい歌がとても効果があります。

実施日：2008年9月22日（月）
単元名：『買い物遊びをしよう』

児童の活動	HRT（担任）の活動	JTE の活動

〜〜〜〜〜〜〜〜〜〜〜〜〜〜〜〜〜〜〜〜〜〜〜〜〜〜〜〜〜〜〜〜〜〜〜〜

児童の活動	HRT（担任）の活動	JTE の活動
4．買い物遊びをする。 ・数の歌を歌う。 ・果物や野菜の名前，数を表現する。	・児童と一緒に歌う。	・Let's sing the Seven Steps. ・What's this? ・模型を提示しながら質問をする。

```
JTE：How many apples?
C₁ ：Two.
```

	・デモンストレーションをする。	

```
JTE：Five oranges, please.
HRT：Here you are.
JTE：Thank you.
HRT：You're welcome.
```

	・言葉，身振り等で表現できるよう個に応じた支援をする。	

```
JTE(HRT)：Seven apples, and two lemons, please.
       C₄ ：Here you are.
JTE(HRT)：Thank you.
       C₄ ：You're welcome.
```

買い物遊び(指導案の4)では，友だちのGさんと二人でペアーを組み，Bさんは客を演じました。Bさんは自分の欲しい野菜の名前と数を正確に店員役のGさんに伝えましたが，Gさんが少し緊張してしまったため，コミュニケーションがうまくとれませんでした。特別支援教室では児童数や能力により，ペアーは限定されます。しかも，その日の精神的安定感にも左右されます。あせらず次回に挑戦する気持ちをもたねばなりません。

　10月は，Cさんとのペアーでお買い物遊び(指導案の4)をしたところ，Bさんも自分の欲しいものを明確に相手に伝えました。CさんもBさんの働きかけにきちんと応じてくれたため，とてもスムーズにコミュニケーションができました。こうした英語コミュニケーション活動は相手への気づかいから，思いやりの心，広い心など豊かな心が養われるのです。

　この経験から，英語でコミュニケーションすることの楽しさを実感したBさんは，11月になると，"May I help you?"(いらっしゃいませ)を自分から言えるようになりました。相手が "Three apple(s), please." と言うと，りんごを3個ほど客のかごに入れながら，"Thank you." とお礼も言いました。声は小さめでしたが，表情はコミュニケーションすることの楽しさを十分かみしめているような笑顔でした。

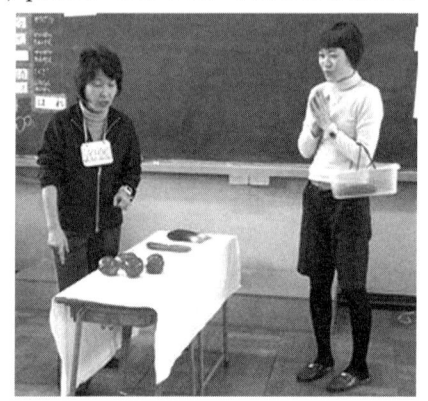

買い物遊びのデモンストレーションをする HRT と JTE

実施日：2008年12月1日（月）
単元名：『1年を振り返ろう』

児童の活動	HRT（担任）の活動	JTE の活動
2．月，曜日，天気を知る。 ・月の歌を歌う ・月のカードを並べる。	・カードを黒板に貼り，曲に合わせて指し示す。 ・黒板にカードをランダムに貼る。	・Let's sing the Twelve months.
JTE：What month is it today? C₁：It's December.		
・今日の曜日を確かめる。	・絵カードを黒板に貼り，CD に合わせて指し示す。	・Let's listen to the Day of the week.
JTE：What's the day today? C₂：It's Monday.		
・今日の天気を確かめる。	・絵カードを黒板に貼る。	
JTE：How's the weather today? C₃：It's sunny (rainy / cloudy).		

　月の順番や曜日を正しく理解しているBさんにとって，12月の活動は，大好きな活動のようでした。
　ランダムになっている曜日を並べ替える課題（指導案の2）にも，積極的に手を上げて自己アピールし，指名されると自信満々にカードを並べ替えることができました。英語活動では自分はできるといったアピールを示す子が多くいます。

JTE や HRT はその子の実態に応じて指名し，自己達成感を味わわせるようにします。かつては，最後まで指名されずその児童のやる気を損なった苦い経験がありました。

並べ替えたカードを Sunday, Monday, Tuesday, Wednesday, Thursday, Friday, Saturday と JTE が発音すると，B さんは JTE の後から大きな声で繰り返して言いました。JTE の発音をそっくりまねしています。

月のカードも，自信たっぷりに短時間で並べ替え，JTE や HRT から "Good job!" とほめられ，とてもうれしそうでした。

クリスマス・ソングを歌うときには，友だちが楽しそうに歌っている様子をそばでながめていました。ゆったりとしたテンポの歌は少し苦手のようです。

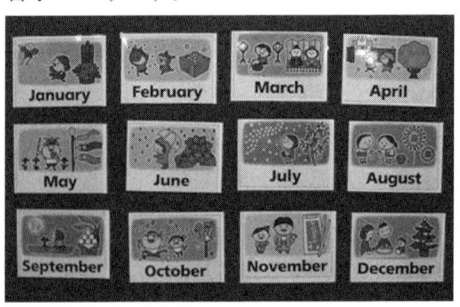

月の絵カード

実施日：2008年1月26日（月）
単元名：『買い物遊びをしよう』

児童の活動	HRT（担任）の活動	JTEの活動
〜〜〜〜〜〜	〜〜〜〜〜〜	〜〜〜〜〜〜
2．月，曜日，天気を知る。 ・月の歌を歌う。 ・月のカードを並べる。	・カードを黒板に貼り，曲に合わせて指し示す。 ・黒板にカードをランダムに貼る。	・Let's sing the Twelve months.
JTE：What month is it today? C_1：It's December.		
・今日の曜日を確かめる。	・絵カードを黒板に貼りCDに合わせて指し示す。	・Let's listen to the Day of the week.
JTE：What's the day today? C_2：It's Monday.		
・今日の天気を確かめる。	・絵カードを黒板に貼る。	
JTE：How's the weather today? C_3：It's sunny (rainy / cloudy).		

　英語活動が始まるのをとても楽しみにしていたBさんは，とりわけこの日は，朝からとてもうれしそうでした。
　冬休み明けで，ほとんどの児童が思い出すのに時間がかかっていた曜日や月(指導案の2)も，Bさんはすべて覚えていて，カードの並び替えも，とても張り切って素早くこなしました。保護者の話では，冬休みの間，家庭では英語については一切

関わっていなかったという話でした。でもBさんには以前の記憶がよみがえってきたのです。英語活動では文法スキルや単語等を教え込む必要はありません。教え込んでも彼らは受け入れません。英語を通してのコミュニケーション活動を行ってきますと意欲的に活動に参加します。英語表現も自然と備わってきます。

　2月の買い物遊びでは，BさんはAさんとペアーを組み，"May I help you?" "Two apples, please." "Thank you." "You are welcome." 等と，英語コミュニケーション活動を十分に楽しむことができました。社会的言語能力の育みを十分に味わいました。

英語活動を通して成長したこと

　Bさんは，英語活動を通して自分の得意なことを見つけ，自信をもちました。友だちと一緒に活動することの楽しさを知ることができました。

◆コミュニケーションへの関心・意欲・態度◆
- 友だちがJTEやHRTと楽しそうに関わっているのを見て，自分も関わりたいという気持ちになってきました。
- JTEや担任の働きかけにジェスチャーや言葉で応じられるようになりました。
- 自分の思いをJTEや担任にジェスチャーや言葉で表現できるようになりました。

◆コミュニケーション能力の向上◆
- JTEのしぐさや音声をよく聞いて正しくまねていました。
- 繰り返される表現や指示がわかり，自分から応じたりすることができるようになりました。

◆言葉や文化についての関心・意欲・態度◆
- 英語に興味をもち，BINGOの曲に親しみながら進んで歌えるようになりました。

Bさんは，英語活動以外でも，次のようなところが成長しました。
- コミュニケーションがとれるようになり，友だちとのトラブルが減ってきました。
- 大人の人や初めて会った人とも自信をもって臆することなく話ができるようになってきました。
- 最後まで落ち着いて授業に参加できることが多くなりました。
- 集中力が持続し，苦手意識のあったハサミや鉛筆を上手に持ってていねいに作業をすることができるようになってきました。
- 相手の話を落ち着いて聞いたり，話をよく聞いて行動したりすることができるようになってきました。
- 挨拶をしたり，されたり，相手に話しかけられたりすることに抵抗を示さなくなりました。
- 友だちと過ごすことの楽しさを感じられるようになりました。

考 察

日ごろ，児童は互いを受け入れないことが多い。自分は自分であり，他人は他人ごとなのであろう。学習でも遊びにおいても同様であり，B児にはそれが強く表出していた。英語活動でも，JTEがB児に向いているときは安心し，笑顔も見せていたが，ひとたび他の児童にJTEが注意を向けると，途端にB児は心を閉ざし，暗い表情になってしまう。時には，授業に集中せず，注意を引こうとしてあえて乱暴な態度をとることがあった。そうした理由で，ネームタグ(名札)を奪うようにして取ったり，暴言をはいたりすることとなる。しかし指導者は決して怒らず，焦らず，障がいの特質を理解しながら指導することが必要であった。

こうした事例では，支援者の指導力が問われる。唯一の理解者である担任はB児に関心を向けて賞賛する場面を見つけることが大切である。事前に担任はJTEの指導案を理解し，場面によって，B児が力を発揮できることを予想しておくとよい。こうした指導の積み重ねにより，B児はJTEのはたらきかけから，明るい心，人を思いやる心が芽生えるとともに，挑戦してみようとする態度が徐々に培われてくる。

　B児の育みから「共生」，「自己決定行動」，「主体性」が芽生えてきたことは，担任から見ると日常の行動からうかがえるという。例えば，ランドセル，文房具等を，これまでどちらかといえば乱暴に扱っていたが，現在ではていねいに扱うことができるようになったとのこと。特別支援学級実態調査結果においても，B児の成長は著しく，社会的生活習慣，言語交流，社会性の発達ともに1レベルほど上がった。

　本実践から得たことの1つに，指導者は，児童の障がいを治そうとする気持ちはもたず，「障がいのあるB児」として受けとめ，その資質・能力を引き出す指導方法を生み出すことが肝要である。

担任の総合所見

　英語活動にしっかり参加しているといった自覚をもち，積極的に活動することができた。また，学級の児童をリードしてくれる場面が多く見られるようになった。そして，低学年の児童には思いやりをもって接している。今後は，「どんなことがあっても最後まであきらめずに取り組んでいこうとする力」をのばしていきたい。

英語活動を通して獲得した力

　Bさんは，友だちと楽しく生活をするために必要な，以下のような力を獲得することができました。

　「共生」につながる：
- 思いやりの心（相互理解）
- 明るい心

　「自己決定行動」につながる：
- 積極的・意欲的な心
- 自己表現力

　「主体性」につながる：
- 自己の確立

コラム・特別支援学級の子どもたち①

○田島　英寿君（アスペルガー症候群）
　　　　　　　　男児，2年生，生活年齢8歳

※英寿君はネイティブスピーカーと同様の発音で英語コミュニケーション活動ができます。

　5年前自宅での英語個人レッスンがきっかけでした。先生は日本人帰国子女。母親（実兄は数ヵ国語を操ることができます）も英語に関心があり，お子さんとともに学ぶこともあったそうです。単語を暗記すると，先生から「すごい記憶力ね」と言われたそうです。ある日，"How are you?" と聞かれても，すぐに "I'm fine, and you?" となかなかでてきません。でも根気強く待つことも大切だとお母さんはおっしゃいます。

　保育園の年長になり，アスペルガー障がいと医者に告げられました。母語を発するのが遅かったとのことです。でも言語にはとても関心があり，DVDでフランス語を聴くと癒されるそうです。

　ある日，私は学級活動の時間におじゃましました。英寿君はご機嫌斜めのようです。椅子に座らないで，床に寝そべっています。担任はどうしたらいいものかと思案中でした。私は "Hello, good morning. How are you?" と声をかけました。すると，急に態度を変え，立ち上がりました。"I'm fine." と笑顔で応え，いつも

の英寿君になりました。すかさず，"What time did you get up, this morning?" と尋ねると，"I got up at six o'clock this morning." と答えました。そして自分から進んで，生活ノートの時計に6時の短針と長針を書き込みました。それ以来，英寿君が不調のときは英語でコミュニケーションするようにしています。

外で明るく元気に遊ぶ英寿君

3 Cさん 男児 3年生（広汎性発達障がい）

英語活動が始まる前のCさんは

- 集団活動に参加することが苦手でした。
- 長い時間椅子に座っていたり，ものごとに集中して取り組んだりすることが苦手でした。
- 落ち着いて相手の話を聞いたり，話をよく聞いて行動したりすることも課題でした。
- 興味のあることには積極的に取り組みますが，長時間取り組むことが不得手でした。
- 自分から進んであいさつができていました。相手からあいさつをされたとき，とてもうれしそうにあいさつすることができていました。
- 大人の人と話をすることが大好きで，誰にでも自分から話しかけることができていました。
- 大人の人と一緒に行動することが大好きでした。

第5章 子どもたちの成長の記録

Cさんと英語活動

実施日：2007年7月2日（月）
単元名：『英語を楽しもう』（最初の英語活動）

児童の活動	HRT（担任）の活動	JTEの活動
1. あいさつをする。 ・ネームタグを受け取る。	・児童と一緒に元気よくあいさつをする。 ・児童と同様にネームタグを受け取り、学習者としての規範を示す。	・Hello. Let's start. ・I'll pass you the name tags.
2. 自己紹介をする。 ・HRTに自己紹介をする。	・デモンストレーションをする。 HRT：Hello. My name is 〜. JTE：Hello. My name is 〜. HRT：Hello. My name is 〜. C₁：Hello. My name is 〜. ・個に応じた支援を行う。	・一人一人の児童に自己紹介し握手をする。

　JTEからネームタグを受け取るときは、とてもうれしそうで満面の笑みでしたが、日本語とは異なる言語が多くなるにつれ、一体何が始まったのかと少々戸惑い気味でした。そんななかでも、視線はしっかりと周囲の様子をとらえていて、私の姿を見つけるといつもの口癖ですが「こっち(に)おいで」と声をかけていました。"My name is 〜."と自己紹介する場面では、担任にくっついて離れず、一緒に言ってもらいました。母語もままならないCさんですが、楽しそうにしていました。

実施日：2007年10月22日（月）
単元名：『今日は何曜日？』

児童の活動	HRT(担任)の活動	JTEの活動
1．あいさつをする。 ・Hello Songを歌う。	・児童と一緒に元気よくあいさつをする。 ・個に応じた支援をする。	・Hello. Let's start. ・Let's sing the Hello Song.
2．体調や気持ちの表現を知る ・体調や気持ちの表現を聞く。 ・体調や気持ちを表現する。	・デモンストレーションをする。	・絵カードを提示しながら発音し，まねをさせる。

```
JTE：How are you?
HRT：I'm happy.
```

```
JTE：How are you?
C₁ ：I'm happy.
JTE：How are you?
C₂ ：I'm sad (angry / sleepy / sick).
```

　9月になると，"Hello Song"の歌が気に入って，活動以外でも楽しそうに口ずさむようになってきました。

　10月には，"Good morning."を覚えて，大人に対して，大きな声で言うようになりました。Cさんにとっては，"Good morning."は，英語のあいさつであり，日本語の「こんにちは」に該当すると思っていたのでしょう。また，"How are you?"の言い方がとても気に入って，どんな相手にも午前，午後の時間帯も気にしないで当たりかまわず話しかけるようになりました。

実施日：2007年11月26日（月）
単元名：『好きな動物は？』

児童の活動	HRT(担任)の活動	JTE の活動
1．あいさつをする。	・児童と一緒に元気よくあいさつをする。	・Hello. Let's start.
・ネームタグを受け取る。		・一人一人の名前を呼びながらネームタグを手渡す。
	・個に応じた支援をする。	
・Hello Song を歌う。		・Let's sing the Hello Song.

　11月のある日，いつものように一人一人の名前を呼びながらネームタグを渡している(指導案の1)JTE の口をじっと見て，口の形をまねしようとしていました。

　自分の名前が呼ばれるのも，とても心待ちにしていて，名前が呼ばれると，期待感たっぷりの笑顔で，JTE からネームタグを受け取りました。このパターンがすっかり定着しました。障がい児には授業の流れがパターン化されると次の行動が取れるようになります。

　Cさんにとっては次の予測ができることによりパニックが少なくなってきました。

児童と同様に JTE からネームタグを受け取る担任

実施日：2007年12月3日（月）
単元名：『好きな色は？』

児童の活動	HRT(担任)の活動	JTEの活動
1．あいさつをする。 ・ネームタグを受け取る。 ・Hello Songを歌う。	・児童と一緒に元気よくあいさつをする。 ・個に応じた支援をする。	・Hello．Let's start. ・一人一人の名前を呼びながらネームタグを手渡す。 ・Let's sing the Hello Song.

　12月になるとCさんは，ネームタグがとても気に入って，JTEのそばでにこにこ笑みを浮かべながら，ネームタグ渡しを手伝う姿も見られるようになりました（指導案の1）。

　活動の最中に席を立って，JTEのそばに行こうとすることが多くなりました。どうやら，CDプレーヤーのスイッチが気になったようですが，自分の考えを言葉でうまく表現することが苦手なCさんは，直接行動をしようと何度も試みていたようです。

　授業の流れが予測できない場面では，見通しがもてないためか，不安そうにしていました。担任がそばにいないと落ち着かない様子もときおり見られました。英語活動はJTEが主体のように見えますが，実は担任の力量が問われてきます。児童の障がいの特性に応じていかに支援するかということです。個別学習指導計画で，Cさんの学習計画を立てた担任が支援するのが最も大切なことなのです。

第5章 子どもたちの成長の記録

実施日：2008年1月26日（月）
単元名：『買い物遊びをしよう』

児童の活動	HRT（担任）の活動	JTEの活動
1．あいさつをする。 ・ネームタグを受け取る。 ・Hello Song を歌う。	・児童と一緒にあいさつをする。 ・児童と同様にネームタグを受け取る。 ・個に応じた支援をする。	・Hello. Let's start. ・I'll pass you the name tags. ・Let's sing the Hello Song.
4．買い物遊びをする。 ・果物や野菜, 色の名前を知る。	・It's a tomato. ・デモンストレーションをする。	・What's this? ・模型を提示しながら発音し, まねをさせる。
	JTE：Orange, please. HRT：Here you are. JTE：Thank you. HRT：You're welcome.	
・買い物遊びをする。	・果物や野菜, 色の表現がわからない児童に, 個別に支援する。	
HRT：Orange, please. C　：Here you are. HRT：Thank you.		
	・言葉, 身振り, 指し示し等で表現できるよう個に応じた支援をする。	

冬休みが明けた1月，校門で私が"Good morning."とCさんに声をかけると，"Good morning."と返してきました。このわずかな挨拶が，Cさんのコミュニケーション活動へとつながっていきました。

　そのことをきっかけに，Cさんと私は，「校長先生，今日は一緒に食べる？」「何を？」「給食」等と，毎朝会話（母語で）を交わすようになっていきました。Cさんは，私とあいさつを交わすことで，コミュニケーションでは言葉が大きな役割を果たすことを学んだのです。

　英語活動でも支援を受けながら，野菜のピクチャーカードを黒板に貼ったりすることができるようになりました。Cさんにとっては素晴らしい飛躍でした。英語活動に対する関心の高まりが感じられるようになりました（指導案の4）。

実施日:2008年3月9日(月)
単元名:『買い物遊びをしよう』

児童の活動	HRT(担任)の活動	JTE の活動
1.あいさつをする。 ・ネームタグを受け取る。 ・Hello Song を歌う。	・児童と一緒にあいさつをする。 ・児童と同様にネームタグを受け取る。 ・個に応じた支援をする。	・Hello. Let's start. ・I'll pass you the name tags. ・Let's sing the Hello Song.
4.買い物遊びをする。 ・果物や野菜,色の名前を知る。	・It's a tomato. ・デモンストレーションをする。	・What's this? ・模型を提示しながら発音し,まねをさせる。
・買い物遊びをする。	JTE:Orange, please. HRT:Here you are. JTE:Thank you. HRT:You're welcome.	
	・果物や野菜,色の表現がわからない児童に,個別に支援する。	
HRT:Banana, please. C :Here you are. HRT:Thank you.		
	・言葉,身振り,指し示し等で表現できるよう個に応じた支援をする。	

2月になると，膝の上に乗ろうとしたり席を離れて立ち歩いたりすることがとても少なくなってきました。
 3月の買い物遊び(指導案の4)では，いくつかある品物のなかから，"Banana, please."と自分の欲しいものを言うようになりました。こうして積極的に英語活動に参加できるようになってきました。
 4月に実施した体全体を使った歌がとても気に入りました。歌は"Head, Shoulders, Knees and Toes"でした。
 とてもテンポが速いのですが，CさんはJTEの手の動きを見て頭，肩，膝，つま先をしっかりと指し示しました。もちろん担任の支援も必要でした。リズムがとても気に入ったのか満面の笑顔を浮かべていました。Cさんのケースでは音楽はスピーディーなほうがはるかに乗ってきました。ゆったりとした"Hello Song""Good-bye Song"は積極的に歌おうとしません。"Head, Shoulders, … "は体全体を使うので体育的な要素が入っており，体育の授業の準備運動に使っても効果があるのではないでしょうか。ともかくこの曲が流れるとJTEのすぐ近くまで駆けより，まねをしながら楽しそうに踊るようになりました。

第5章　子どもたちの成長の記録

実施日：2008年6月2日（月）
単元名：『数で遊ぼう』

児童の活動	HRT（担任）の活動	JTEの活動
〜〜〜〜〜	〜〜〜〜〜	〜〜〜〜〜
2．体調や気持ちを表現する。		・絵カードを提示しながら発音し，まねをさせる。
	・デモンストレーションをする。	
・体調や気持ちを表現する。	JTE：How are you? HRT：I'm happy.	
JTE：How are you? C₁：I'm happy. JTE：How are you? C₂：I'm sad (angry / sleepy / sick).		
	・言葉，身振り，指し示し等で表現できるよう個に応じた支援をする。	
3．数の表現を知る。 ・数を言う。 ・Seven Stepsを歌う。	・(It's) one. ・数の表現が難しい児童に個別に支援をする。	・What number is this? ・数字カードを提示しながら質問する。 ・Let's count from one to seven. ・Let's sing the Seven Steps.

83

6月は，体調や気持ちを表現すること(指導案の2)ができるようになり，JTEからの"How are you?"の問いかけに"Happy."とうれしそうに答えることができました。

　Seven Stepsの歌(指導案の3)も大好きで，大きな声で歌っていました。軽快な音楽をとても好む傾向にあります。リズムに合わせて数字を言わせると効果があります。しかし教え込むと長く続かないので注意しました。あくまでも歌の練習だと思わせるようにしました。Cさんのように自閉症傾向のある児童は繰り返しても苦痛ではないようです。むしろ，お気に入りの歌を何度も歌うように要求してくることがありました。だから何度でも歌いました。

　BINGOの歌も大好きで，担任の寸劇やJTEの口もとに注目しながら，一生懸命歌おうとしていました。担任の農夫役もなかなか立派でした。児童の声援も並々ならぬものがありました。手ぬぐいや麦藁帽子で変装するのですが，児童との一体感がありました。

　なお，BINGO Songの歌詞と歌い方は次の通りです。

There was a farmer had a dog
And Bingo was his name — O
B — I — N — G — O
B — I — N — G — O
B — I — N — G — O
And Bingo was his name — O

There was a farmer had a dog
And Bingo was his name — O
(clap) — I — N — G — O
(clap) — I — N — G — O
(clap) — I — N — G — O
And Bingo was his name − O

※ clapとは拍手の意味です。

〈邦訳〉
農夫さんが犬を飼っていた
ビンゴって名前の犬だった
B―I―N―G―O　（3回繰り返す）
ビンゴって名前の犬だった

農夫さんが犬を飼っていた
ビンゴって名前の犬だった
（1回拍手）―I―N―G―O　（3回繰り返す）
ビンゴって名前の犬だった

※以下，1回の拍手が2回となり，N・G・Oだけ発音します。次に3回拍手となってG・Oだけ発音します。最後には4回拍手してOだけ発音します。黒板にBINGOと書いて，消していく方法もあります。もちろん画用紙に大きく1文字ずつ書いておくと何度でも使えます。
　児童のなかには発音してはいけないアルファベットも発音する場合があります。知っていながらあえてやる児童もいます。叱らないで気長にやりましょう。

実施日：2008年10月6日（月）
単元名：『買い物遊びをしよう』

児童の活動	HRT（担任）の活動	JTEの活動
4．買い物遊びをする。 ・数の歌を歌う ・果物や野菜の名前や数を表現する。	・児童と一緒に歌う。	・Let's sing the Seven Steps. ・What's this? ・模型を提示しながら質問をする。
JTE ：How many apples? C_1 ：Two.		
・買い物遊びをする。	・デモンストレーションをする。	
	JTE ：Two oranges, please. HRT：Here you are. JTE ：Thank you. HRT：You're welcome.	
	・言葉，身振り等で表現できるよう個に応じた支援をする。	
JTE(HRT)：Two grapes, please. 　　　C_1 ：Here you are. JTE(HRT)：Thank you. 　　　C_1 ：You're welcome.		

9月のある日，隣町のスポーツセンターに行くために地下鉄にわかくさ学級全員で乗りました。Cさんは，同じ車両に乗り合わせたインド人の男性に，自分から進んで"Good morning. How are you?"と声をかけました。するとその男性は，Cさんにきちんと英語で答えてくださいました。Cさんの行為は，来日してまだ2週間しかたっていない外国人男性にとって，とても心を和ませてくれる出来事でした。

　Cさんも，日本語以外の言語が通じるとわかったことは，異文化理解の素地が芽生えてきた証拠であると言えます。

　また，臆することなく外国人に英語で話しかけているCさんの姿は，周囲の友だちにとっても，とてもよい影響を与えることとなりました。

　地下鉄内での出来事は，Cさんにとってとてもよい経験と自信になったようで，英語活動に参加するときの表情にも自信が感じられるようになりました。

　10月の買い物遊び(指導案の4)では，支援を受けながら，"Two banana(s)."とか"Three apple(s), (please)."と言うことができるようになりました。

　11月の買い物遊びでは，店員の役になったときも，支援を受けながらですが"May I help you?"や"Thank you."を言うことができました。こうした体験活動を通して徐々に社会性が身に付くとよいと考えます。

実施日：2008年12月1日（月）
単元名：『1年を振り返ろう』

児童の活動	HRT（担任）の活動	JTEの活動
〜〜〜〜〜〜	〜〜〜〜〜〜	〜〜〜〜〜〜
2．体調や気持ちを表現する。		・絵カードを提示しながら発音し，まねをさせる。
・体調や気持ちを表現する。	・デモンストレーションをする。	

JTE：How are you?
HRT：I'm happy.

JTE：How are you?
C₁：I'm happy.
JTE：How are you?
C₂：I'm sad (angry / sleepy / sick).

・言葉，身振り，指し示し等で表現できるよう個に応じた支援をする。

　12月の感情表現（指導案の2）では，周囲の友だちが"Angry." "Hungry."と言うなかで，Cさんは，いつもにこにこしながら"Happy."と言っていました。Cさんにとっては，英語活動がとても楽しい活動であることがうかがえます。

実施日：2009年1月26日（月）
単元名：『買い物遊びをしよう』

児童の活動	HRT（担任）の活動	JTE の活動
3．買い物遊びをする。 ・知っている色を言う。		・What color is this?
C：It's red (yellow, green, orange, purple, brown, light green).		
・買い物遊びをする。	・デモンストレーションをする。	
	HRT：Two apples, please. JTE ：Here you are. HRT：Thank you. JTE ：Yellow fruits, please. HRT：Here you are. JTE ：Thank you.	
		・Let's go shopping.
C₁ ：(May I help you?) HRT：Two apples, please. C₁ ：Here you are. HRT：Thank you. C₁ ：(Thank you.)		
	・果物や野菜の名前，数字の表現がわからない児童に，個別に支援する。	

Cさんにとっては，冬休み明けの久しぶりの英語活動でした。ほとんどの児童がそうであるように，Cさんも授業の開始を待っていたように意欲的に参加しました。買い物遊び（指導案の3）では，客になったHRTに対して，支援を受けながら，"May I help you?" "Thank you." と積極的にコミュニケーションをしようとしていました。

　2月には，以前にもまして自分からJTEに日本語で話しかけることが増えました。英語コミュニケーション活動に対する意欲が感じられるようになってきました。

　3月になると，JTEの口型をよく見てまねをしたり，発話をしようとしたりする様子が見られるようになりました。正しい英語の発音もここから生まれるようです。

　また，45分間の活動に対しても，担任の膝に乗っていたCさんが集中して参加できる機会が少しずつ多くなってきました。

英語活動を通して成長したこと

　Cさんは英語活動を通して，落ち着いて活動することの大切さや，人と関わることの楽しさを知ることができるように成長したのです。

◆コミュニケーションへの関心・意欲・態度◆
- JTEに積極的に働きかけながら，関わりを楽しんでいました。
- 知っている英語を使いながら，英語と母語で積極的にコミュニケーションしようとしていました。

◆コミュニケーション能力の向上◆
- JTEのしぐさや音声をよく見てまねようとしていました。
- 繰り返される表現がわかり，"How are you?" の問いかけに答えることができるようになってきました。

◆言葉や文化についての関心・意欲・態度◆
- 私と廊下などですれ違うと,朝昼夕問わず "Good morning." と言うようになりました。
- BINGOの歌に興味をもち,口ずさむようになりました。

Cさんは,英語活動以外でも,こんなところが成長しました。
- 授業中に席を立ったりすることが少なくなりました。
- 話をよく聞いて行動することができるようになってきました。
- 大人が支援しなくても,一人で自信をもって行動ができるようになりました。
- 友だちとの関わりが楽しくなり,休み時間などにも一緒に過ごすことができるようになってきました。
- 自立心が芽生え,一人で教室に来ることができるようになりました。

考 察

C児は英語活動の授業に顕著に反応するようになった。これは,英語活動の内容や英語のリズムがC児の好みに合っていたためである。

地下鉄でインドの方と出会ったとき,見た目が日本人とは異なるインドの方には得意な "Good morning. How are you?" で関われると,C児はとっさに直感的に思い,行動したのではないだろうか。日本語以外の言語が通じると思ったことは異文化理解の素地が培われてきたのではないかとも受け取れる。これはC児にとって大きな自信につながったと考える。国際コミュニケーションの素地として「共生」への資質・能力の育みがうかがわれる。

現在では,英語活動中,担任の膝に乗ったりはしていない。

しかし，人懐っこく，誰を見ても「こっちおいで！」と呼びかけてはいる。授業中，着席する時間が長くなるなどの耐性もつき，主体性の育みでもある「自己の確立」は着実に育っている。

東京都特別支援学級児童実態調査結果から言語交流や社会性の発達が，担任等の身近な人との関わりから外へと広がっていったことからも，このことはうかがうことができる。

担任の総合所見

英語活動では名前を呼ばれ，ネームタグを手渡されるときをとても楽しみにしていて，いつも笑顔で活動している。担任等の膝に乗って英語活動することもなくなり，自己コントロールができるようになった。また，教師とトイレに一緒に行っても，C児は「先に帰ってもいいよ」と言って，一人で済ませることが多くなった。「自分で考え，自分でする」といった経験を積み重ねていくことが，「生きる力」ともなり，自立支援につながると考える。

英語活動を通して獲得した力

一人でできることをたくさん見つけ，自分に対する自信を獲得しました。

「共生」につながる：
- 広い視野（異文化理解）
- 明るい心

「自己決定行動」につながる：
- 積極的・意欲的な心
- 自己表現力

「主体性」につながる：
- 自己の確立
- 自己コントロール

4　Dさん　男児　5年生　(ダウン症)

> 英語活動が始まる前のDさんは

- 決められたことに，最後まで粘り強く取り組むことが不得手でした。また，順番を守って行動したりすることが苦手でした。
- 担任や友だちと単語1語〜2語程度で話ができました。しかし，発音が少し不明瞭なため，よく伝わらないこともありました。
- 日常的に繰り返される指示がよくわかっていて，それに従うこともありました。
- ハサミやのりを使ったりすることは苦手でした。
- 人懐っこい性格で誰とでも仲良くすることができました。
- 苦手な活動に対しては，消極的になったり，途中であきらめてしまったりすることもありました。
- 大人の人と話をすることが好きで，誰とでも話をすることができました。
- 音楽を聞いたり，踊ったりすることが好きでした。
- 好き嫌いがとてもはっきりしていて，嫌いなことは絶対に受け入れませんでした。

Dさんと英語活動

実施日：2007年7月2日（月）
単元名：『英語を楽しもう』（最初の英語活動）

児童の活動	HRT(担任)の活動	JTEの活動
1．あいさつをする。 ・ネームタグを受け取る。	・児童と一緒に元気よくあいさつをする。 ・児童と同様にネームタグを受け取り，学習者としての規範を示す。	・Hello. Let's start. ・I'll pass you the name tags.
2．自己紹介をする。 ・HRTに自己紹介をする。	・デモンストレーションをする。 HRT：Hello. My name is 〜． JTE：Hello. My name is 〜．	
	HRT：Hello. My name is 〜． C₁：Hello. My name is 〜． ・個に応じた支援を行う。	・一人一人の児童に自己紹介し握手をする。

　Dさんは，日本語以外の言語に初めて接したとき，とても感動したようです。ネームタグ（指導案の1）を笑顔で受け取りました。ところでネームタグは担任もあります。JTEから児童と一緒になって受け取りますが，ともに学んでいるといった連帯意識をもたせるためです。

　自己紹介（指導案の2）でも，周りの友だちや大人が驚くほどの大きな声で発声しました。また，ジェスチャーを大きくとったりして楽しそうにJTEの問いかけに答えていました。

　でも間違っているとがっくりと肩を落としました。その表情にとても落差があり，周囲に笑いがでるほど極端です。反対に正解であれば，担任に抱きついてその喜びを最大限に表現する等，とても表現力が豊かでした。

第5章 子どもたちの成長の記録

実施日：2007年10月22日（月）
単元名：『今日は何曜日？』

児童の活動	HRT(担任)の活動	JTE の活動
1．あいさつをする。 ・Hello Song を歌う。	・児童と一緒に元気よくあいさつをする。 ・個に応じた支援をする。	・Hello. Let's start. ・Let's sing the Hello Song.
2．体調や気持ちの表現を知る。	・言葉，身振り，指し示し等で表現できるよう個に応じた支援をする。	・絵カードを提示しながら発音し，まねをさせる。 (happy, angry, sick, sad, hot, cold, hungry, thirsty).
3．曜日を知る。		・絵カードを提示しながら発音し，まねをさせる。

　10月になるとJTEの声をしっかりと聴こうとする態度が育ってきたようです。発声は不明瞭でしたが，体調や曜日を知る活動(指導案の2や3)では，JTEの英語音声をリピートしながら，大きな声で精一杯表現しようとしていました。その顔から真剣さがうかがえました。ダウン症児の特徴として，心が純真で喜怒哀楽を正直に表現します。ものごとを前向きに考えるDさんですから，多少英語活動で失敗しても，自ら立ち直るまで教師はそのままにしておくこともありました。

実施日：2007年11月26日（月）
単元名：『好きな動物は？』

児童の活動	HRT（担任）の活動	JTEの活動
1．あいさつをする。 ・Hello Song を歌う。	・児童と一緒に元気よくあいさつをする。 ・個に応じた支援をする。	・Hello. Let's start. ・Let's sing the Hello Song.
2．体調や気持ちの表現を知る。 ・体調や気持ちを表現する。	・デモンストレーションをする JTE：How are you? HRT：I'm happy.	・絵カードを提示しながら発音し，まねをさせる。
JTE：How are you? C₁ ：I'm happy. JTE：How are you? C₂ ：I'm sad (angry / sleepy / sick).		
	・言葉や身振り等で表現できるよう個に応じた支援をする。	
3．曜日と天気を知る。 ・曜日の表現を聞く。 ・曜日カードを並べる。 ・天気の表現を聞く。	・絵カードを黒板に貼り，CDに合わせて指し示す。 ・It's Monday. ・絵カードを黒板に貼る。 ・デモンストレーションをする。	・Let's listen to The Day of the week. ・What's the day today?
JTE：How's the weather today? HRT：It's sunny (rainy / cloudy / windy).		

11月に入ると，少々苦手だった歌(指導案の1)も，音程など気にせずに大きな声で歌えるようになってきました。"Hello, Hello, Hello, How are you?" と歌いながら両手を胸で交差しました。大きな体に似合わず，かわいらしく身振りを交えていました。でも真剣になって活動していました。

　天候の絵を貼る場面(指導案の3)では，積極的にJTEの手伝いをしていました。相手の心情を察し気配りができました。

　気持ちを表現する場面(指導案の2)でも，JTEが "I'm cold." と震えながら言うと，Dさんもそれをしっかりとまねて，ガタガタと震えて寒そうな表情をしながら "I'm cold." と表現をすることができました。

　また，11月の後半になると，1週間の歌(指導案の3)にも興味がでてきたようで，真剣に歌おうとしている姿が見られるようになってきました。

ジェスチャーを交えながら "I'm cold."

実施日：2007年12月３日（月）
単元名：『好きな色は？』

児童の活動	HRT（担任）の活動	JTEの活動
〜〜〜〜〜〜	〜〜〜〜〜〜	〜〜〜〜〜〜
3．色の名前を知る。 ・知っている色の名前を言う。	・児童の近くに立ち，色の名前を英語で支援する。 ・障がいによっては立ち歩いたり，奇声を発したりする児童がいるので支援する。	・フラッシュカードを見せながら表現し，まねをさせる。 ・What color is this?
C：It's red (yellow, green, orange, purple, brown, light green).		

　12月は，色画用紙の色を言う活動でした。Dさんはとても興味をもって積極的に参加し，JTEのまねをしながら"yellow, black, blue, white, red"と大きな声で繰り返し言っていました。（指導案の３）

　全員で２回リピートした後，Dさんが指名されました。するとDさんは，全部の色を英語で答えることができ，JTEや担任から"Great.""Good.""Wonderful."等の言葉で，とてもほめられました。Dさんは，うれしさのあまり，担任に抱きついていました。障がいのある児童は右脳が発達していると言われています。カードを瞬時に理解できます。色の名前とカードが一致したときその力が発揮されます。教え込むようなことを決してしなくても，児童は英語活動が得意になってきました。もちろん賞賛してあげることも忘れてはいけません。

実施日：2008年１月26日（月）
単元名：『買い物遊びをしよう』

児童の活動	HRT(担任)の活動	JTEの活動
4．買い物遊びをする。 ・果物や野菜，色の名前を知る。	・It's a tomato. ・デモンストレーションをする。	・What's this? ・模型を提示しながら発音し，まねをさせる。
	JTE：Orange, please. HRT：Here you are. JTE：Thank you. HRT：You're welcome.	
・買い物遊びをする。	・果物や野菜，色の表現がわからない児童に，個別に支援する。	
	HRT：Orange, please. C ：Here you are. HRT：Thank you.	
	・言葉，身振り，指し示し等で表現できるよう個に応じた支援をする。	

　１月は，果物や野菜(指導案の４)を英語で表現しました。実物大の模型を使った活動はわかりやすいため，Ｄさんにとっても，とても楽しい時間のようでした。

　果物や野菜の名前をみんなで確認しているときに，Ｄさんの好きな食べものがでてくると，一段と声を大きくして言っていました。また，Ｄさんは，英語の時間になると，果物や野菜の模型を積極的に片付けたり，答えがわからずにが

っかりしている下級生をやさしく慰めてくれたりしていました。高学年であるといった自覚とリーダー性が身に付いてきたと思われます。

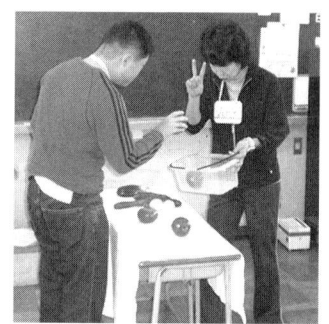

Dさん(左)：Two apples, please.
HRT(右)　：Here you are.

実施日：2008年3月16日（月）
単元名：『買い物遊びをしよう』

児童の活動	HRT（担任）の活動	JTEの活動
4．買い物遊びをする。 ・果物や野菜の名前を知る。	・It's a tomato. ・果物や野菜，色の表現がわからない児童に，個別に支援する。 ・デモンストレーションをする。	・What's this? ・模型を提示しながら発音し，まねをさせる。
	JTE：Orange, please. HRT：Here you are. JTE：Thank you. HRT：You're welcome.	
・買い物遊びをする。	・言葉，身振り，指し示し等で表現できるよう個に応じた支援をする。	
C₁：(May I help you?) JTE：Orange, please. C₁：Here you are. JTE：Thank you. C₁：(Thank you.)		

3月の買い物遊び(指導案の4)では，Dさんは店員になり"May I help you?"を言おうとJTEとコミュニケーションをしていました。ところが，ダウン症の特性なのですが，うまく言えません。とても落ち込んでしまいました。それでも，Dさんはあきらめずに担任の支援を受けながら，自分で"May I help you?"が言えるようになるまで繰り返し発話するための努力をしました。ついに"May I help you?"が上手に表現できたときは，"Thank you."と大きな声で元気よく言いながら，担任のそばへ駆けより，うれしさを全身で表現していました。

　この活動を通してDさんには，コミュニケーション能力で大切な社会言語学的能力，談話能力，方略的能力等が芽生えてきたようです。

　4月には，友だちとペアーになって買い物遊びをしました。Dさんは客になり，"Two banana(s), please."と自分の欲しいものを指で差しながら店員に伝えました。いつも店員の役だったため，客の役には自信がなさそうでした。しかし，自分の伝えたいことを単語（1語〜2語）や身振りで相手に伝えることができました。買い物かごにバナナを2本入れてもらうと，とてもうれしそうに担任のところに戻ってきました。

実施日：2008年6月2日（月）
単元名：『数で遊ぼう』

児童の活動	HRT（担任）の活動	JTEの活動
3．数の表現を知る。 ・数を言う。	・(It's) one.	・What number is this? ・数字カードを提示しながら質問する。 ・Let's count from one to seven.
・Seven Stepsを歌う。	・数の表現が難しい児童に個別に支援をする。	・Let's sing the Seven Steps.

　歌うことがあまり好きではないDさん，Seven Stepsの歌（指導案の3）にもあまり関心を示しません。みんなが楽しそうに歌っていても，横を向いてじっとしているだけで，歌おうとはしませんでした。もしかしたら，うまく声が出せないことや音程がみんなと違っていることが自分でもわかっていたのかもしれません。

　7月になると，担任にほめてもらえることがうれしくて，Seven StepsやBINGOの歌も自分から歌おうとする様子が少しずつ見られるようになってきました。歌を歌うことができたと思えば後退することもあります。教師は気を落とさず忍耐をもって活動に取り組むことが大切であると考えました。

実施日：2008年10月20日（月）
単元名：『買い物遊びをしよう』

児童の活動	HRT（担任）の活動	JTEの活動
1．あいさつをする。 ・Hello Songを歌う。	・児童と一緒に元気よくあいさつをする。 ・個に応じた支援をする。	・Hello. Let's start. ・Let's sing the Hello Song.
5．終わりのあいさつをする ・Good-bye Songを歌う。	・児童と一緒に手をつなぎ大きな円をつくる。	・It's time to say good-by. ・Let's hold hands and sing the Good-by Song.
Thank you. See you.		
・さよならのあいさつをする。	・児童と一緒にあいさつをする。	

　9月に入ると，歌BINGOが二之江小学校音楽会で披露する曲に決まりました。日々歌う機会も増えたことも影響したためか，Dさんも自信をもって歌えるようになりました。

　練習でも，みんなの歌がほめられると，クラス全体を見渡し「よし，よし」と満足そうにしていることが多くなってきました。歌の練習は音楽や学級会の時間も活用することが大切です。

　10月には，これまで小さな声でしか歌わなかったHello Song(指導案の1)やGood-bye Song(指導案の5)も，大きな声で歌えるようになり，歌うことに対してもますます自信がもてるようになってきました。

　11月のある日，Dさんは朝からあまり調子がよくないようで，気持ちを切り替えるのに時間がかかったり，授業中に

席を立ったりすることが目立ちました。

　英語活動が始まっても，ネームタグをもらったときに，いつもなら簡単に言える "Thank you." がなかなか言えず，両手を JTE とタッチすることもありませんでした。担任は，D さんに英語活動を楽しんでもらえるよう，いつもよりたくさんほめることを心がけたところ，D さんの表情には，みるみるやる気がみなぎってきました。この経験から，英語活動は賞賛から始まり賞賛で終わると思いました。

音楽会で歌 BINGO を披露しました。

第5章　子どもたちの成長の記録

実施日：2008年12月1日（月）
単元名：『1年を振り返ろう』

児童の活動	HRT（担任）の活動	JTE の活動
4．BINGOの歌を歌う。	・農夫の姿をして登場し、歌詞の farmer（農夫）の意味を理解させる。 ・児童とともに楽しく歌を歌う。	・Let's sing BINGO. ・黒板に貼られたBINGOのアルファベットカードを指し示す。

　BINGOの歌(指導案の4)では，Dさんの担任が農夫になって寸劇をしました。ほとんどの児童が大喜びをしましたが，なぜかDさんだけは，気に入らないらしく不愉快そうな顔をしていました。どうやら，Dさんは，担任がそばにいてくれなかったことが気に入らなかったようです。

農夫役の担任

実施日：2009年1月26日（月）
単元名：『買い物遊びをしよう』

児童の活動	HRT（担任）の活動	JTE の活動

~~~

| 3．買い物遊びをする。 | | ・What color is this? |

C：It's red (yellow, green, orange, purple, brown, light green).

| ・知っている色を言う。 | ・デモンストレーションをする。 | |

HRT：Two apples, please.
JTE ：Here you are.
HRT：Thank you.

| ・買い物遊びをする。 | | ・Let's go shopping. |

HRT：Two apples, please.
C₁ ：Here you are.
HRT：Thank you.

| | ・果物や野菜，数字の表現がわからない児童あるいは自信のない児童に，個別に支援する。 | |

1月の買い物遊びでは，Dさん（ダウン症）は同じグループのEさん（ダウン症）とペアーになって活動をしました。Dさんは，下級生のEさんのことを思いやりながら，親切にリードをしていました。Dさんがわからない野菜や果物を，Eさんに教えてもらう場面がいくつかありました。DさんとEさんは，お互いに協力しながら楽しくコミュニケーション

活動をしていました。ダウン症同士の英語コミュニケーションが成立した場面でした。

　2月のある日の朝，担任からしかられたことを気にして，英語活動にも参加しようとしませんでした。担任からそのことについていっそう指摘されることとなりました。結局この日は，気持ちの落ち込みが大きかったようで，大好きな英語活動にもほとんど参加することができなくなってしまいました。指導者は児童の微妙な心理状況を十分に理解する必要があります。

　卒業式では，壇上で胸を張って自分の夢を発表しました。英語活動で自信をつけたこと。友だちとの関わりが広がっていったこと。JTEに進んで協力したこと。何よりも自分を愛してくれた担任に向かって自らの思いを堂々と述べました。そして参列者から大きな拍手をもらいました。

英語活動を通して成長したこと

　Dさんは，英語活動を通して，努力することの大切さやみんなと一緒に活動することの楽しさ，思いやりの心等を身に付けることができました。

◆コミュニケーションへの関心・意欲・態度◆
- JTEや担任，友だちとのコミュニケーション活動を進んで行うようになりました。
- 自分の感情を全身で表現しながら，JTEや友だちとコミュニケーションをしようとしていました。

◆コミュニケーション能力の向上◆
- JTEのしぐさや音声をよく見てまねようとしていました。
- "May I help you?" や "Thank you." が自分から言えるようになりました。

◆言葉や文化についての関心・意欲・態度◆
- 歌BINGOを通してアメリカに関心をもち，担任に質問

をするようになってきました。

Dさんは,英語活動以外でも,このようなところが成長しました。

- 簡単な事柄を言語で交流できるようになりました。
- 日常的に繰り返される指示を聞いて,自分から行動できるようになりました。
- 下級生に思いやりをもって優しく接することができるようになりました。
- 苦手なことに対しても,途中であきらめずに最後まで努力することができるようになってきました。大人の人と話をすることが好きで,誰とでも話をすることができました。
- 不得手だった歌を歌うことが好きになりました。
- あまり好きではないことにも,関心をもって取り組もうとすることが多くなりました。

考 察

D児は「共生」の素地ともなる資質が大きく育まれた事例である。英語活動に出会う前は,自分に対して自信がないのか,相手の思いやりにも欠け,それがトラブルを起こす原因にもなっていた。

しかし,医師による総合所見に記載されていたように,「D児はほめて育てると言語能力も向上する」ことを支えとして,2年間の英語活動実践を行った。結果として相手の話を聞き,課題に対して自ら考え,解決していこうと考え,自ら自信をもって行動するようになった。

障がいを問わず級友のトラブルの仲裁に入るまでに成長した。また,D児に最もマッチングしたのはコミュニケーション活動のうち「買い物」である。グループ分けしてもらうことを待ち望み,友人と助け合いながら積極的に英語で買い

物をしようとしたのである。

　社会的言語能力等がD児に身に付こうとしていることから，国際コミュニケーションの資質・能力の芽生えがうかがわれる。

　現在は中学生である。中学校担任からの話では元気よく英語の授業に臨んでいるという。英文法等はなじめないものの，明るい表情で教師の英単語のリピートに応じている。

担任の総合所見

　英語活動は毎時間楽しみにしていた授業であり，自分を思い切り表現できる場所でもあった。JTEとの問答が完成するたびに，担任にハグしてきたことがそれを表している。また，クラスを和ましてくれるD児であった。下級生にも慕われ，何かあると相談・報告に行く姿がしばしば見られた。リーダーシップをこれからの生きる術とするためにも，英語活動でその資質・能力をなおいっそう育んでいきたい。

英語活動を通して獲得した力

　みんなと一緒に活動することの楽しさや思いやりの心を身に付けることができました。

「共生」につながる：
- 広い視野（異文化理解）
- 思いやりの心（相互理解）
- 明るい心

「自己決定行動」につながる：
- 積極的・意欲的な心
- 自己表現力

「主体性」につながる：
- 自己の確立
- 自己コントロール力

■ コラム・特別支援学級の子どもたち②

○水嶋　千翔君（広汎性発達障がい）
　　　　　　　男児，1年生，生活年齢7歳

※英語活動の時間が大好き。なにごとにも意欲的に取り組む等，積極性が身に付いています。

　入学当初はひらがなも読め，数字が大好きな千翔君でした。でも，コミュニケーションに課題があるとのことでした。コミュニケーションは人との関わりをもつために最も大切なスキルです。確かなコミュニケーション力は友だちと交わり，楽しく学習することができるようにしてくれます。そのためには「生きる力」ともいえる「国際コミュニケーション力」（「共生」「自己決定行動力」「主体性」）を身に付けることが必要であるとの考えのもと，二之江小学校では英語活動を推進しています。入学時に，ぜひ一緒に学ぶ力をつけましょうとお母さんにお話をしました。

　入学してわずか半年です。千翔君は英語コミュニケーション力を着実に身に付けています。英語の発音も確かです。私と毎朝校門で英会話をしています。明るく表情豊かに人と接します。教室では積み木遊び，絵本読み等，何事にも意欲的に積極的に取り組んでいます。

　私が望んでいるのは英語活動を通しての人間性の育みなのです。何事にも前向きに考え，挑戦する意欲を

培うことなのです。母語でコミュニケーションもままならない児童に自信をつけるには，言葉の壁を取り払ってあげねばなりません。そのため小学校では国語，算数，理科，社会，生活科，総合的な学習の時間，道徳等で言語能力をつけていきます。英語はその1つです。大きな成果が出ています。千翔君は見事にそれを立証しています。保護者のご協力に感謝しています。

恐竜の卵づくりに励む千翔君

5　Eさん　男児　3年生（ダウン症）

英語活動が始まる前のEさんは

- 集団活動に参加したり，友人と一緒に活動をしたりすることが苦手でした。
- 場に応じたあいさつができますが，言葉をはっきり言うことは，少々苦手でした。
- 自分の思いを言葉で表現することが不得手で，直接行動に移してしまうため，友だちとトラブルになることがありました。
- 人と話をすることがあまり得意ではありませんでした。
- どちらかというと，友だちといるより大人の人と一緒にいるほうを好みました。
- 長い時間落ち着いて座っていたり，1つのことをやり続けたりすることは，あまり好きなほうではありませんでした。
- 文字や絵を描いたりすることが困難でした。
- 話をよく聞いて行動することは苦手でした。

Eさんと英語活動

実施日：2007年7月2日（月）
単元名：『英語を楽しもう』(最初の英語活動)

児童の活動	HRT(担任)の活動	JTE の活動
1．あいさつをする。 ・ネームタグを受け取る。	・児童と一緒に元気よくあいさつをする。 ・児童と同様にネームタグを受け取り，学習者としての規範を示す。	・Hello. Let's start. ・I'll pass you the name tags.

　7月に，英語活動が始まり，JTE が "Hello, everybody!" と教室に入ってきました。すると E さんはいったい何が始まるのかといった様子でした。

　ネームカードの受け取り(指導案の1)にも興味がないようで，黙って様子をうかがっていました。"Hello　Song"(指導案の1)も，歌うことなく黙って周囲の様子を見ているだけでした。

　9月には，JTE が果物や野菜を見せながら "What's this?" と質問をしました。周囲の友だちが，目を輝かせながら "Apple." "Banana." と答えているときでも，E さんはただ黙ったままでした。英語活動にじっくりと取り組ませる必要があると考えました。

実施日：2007年10月15日（月）
単元名：『今日は何曜日？』

児童の活動	HRT（担任）の活動	JTE の活動
1．あいさつをする。 ・Hello Song を歌う。	・児童と一緒に元気よくあいさつをする。 ・個に応じた支援をする。	・Hello. Let's start. ・Let's sing the Hello Song.
3．曜日と天気を知る。 ・曜日の歌を歌う。	・絵カードを黒板に貼り，CDに合わせて指し示す。	・Let's sing the Day of the week.

```
JTE ：What's the day today?
C₁  ：It's Monday.
```

　10月の，今日は何曜日（指導案の3）では，JTEが絵カードを指し示しながら "What day is it?" と質問することに耳を傾けながら，絵カードに注目していました。
　発音もまねようとしていましたが，スピードについていけなかったことから，途中であきらめてしまったようです。少し英語活動に関心がでてきたなと考えられました。

実施日：2007年11月26日（月）
単元名：『好きな動物は？』

児童の活動	HRT(担任)の活動	JTEの活動
1．あいさつをする。 ・Hello song を歌う。	・児童と一緒に元気よくあいさつをする。 ・個に応じた支援をする。	・Hello. Let's start. ・Let's sing the Hello Song.
5．色の名前を知る。	・児童と一緒に声に出して言う。 ・(It's a) red, blue, pink, white, brown, orange, black, purple.	・フラッシュカードで確認させる。 ・What color is this?

　色の名前を知る(指導案の5)では，Eさんは初めてJTEのまねをして"Red.""White.""Yellow."と言うことができました。するとみんなにほめられ，とてもうれしかったことが，Eさんの英語活動に積極性を育む大きなきっかけとなりました。

　その後の活動で，誕生日を祝ってもらっていたときも，最後にJTEとタッチしながら，喜びを全身で表現していました。

実施日：2008年1月26日（月）
単元名：『買い物遊びをしよう』

児童の活動	HRT（担任）の活動	JTEの活動
1．あいさつをする。 ・ネームタグを受け取る。 ・Hello Song を歌う。	・児童と一緒にあいさつをする。 ・児童と同様にネームタグを受け取る。 ・個に応じた支援をする。	・Hello. Let's start. ・I'll pass you the name tags. ・Let's sing the Hello Song.
4．買い物遊びをする。 ・果物や野菜，色の名前を知る。 ・買い物遊びをする。	・It's a tomato. ・デモンストレーションをする。 JTE：Orange, please. HRT：Here you are. JTE：Thank you. HRT：You're welcome. ・果物や野菜，色の表現がわからない児童に，個別に支援する。 HRT：Orange, please. C　：Here you are. HRT：Thank you. ・言葉，身振り，指し示し等で表現できるよう個に応じた支援をする。	・What's this? ・模型を提示しながら発音し，まねをさせる。

　1月は，果物や野菜（指導案の4）を英語で表現しました。実物大の模型を使った活動は，Eさんにとってとてもわかりやすかったようです。

　果物や野菜の名前も，JTEの口もとをよく見てまねようとしたり，実際に声にだして言おうとしたりと，とても意欲的になってきました。五感を使っての外国語活動です。実物大の模型がとても有効でした。

実施日：2008年２月18日（月）
単元名：『何色？　どんな形？』

児童の活動	HRT(担任)の活動	JTEの活動
２．体の部分の名前を知る。	・It's a head (shoulder, knee, toe).	・What's this? ・絵カードを見せながら質問する。 ・Touch your knees. (shoulders, head, toes). ・Let's sing the Head, Shoulders, Knees and Toes.
C：Head, shoulders, knees, toes		
・タッチゲームをする。 ・歌を歌う。	・体の部分の名前がわからない児童に，個別に支援する。	

　リズミカルでスピード感のある Head, Shoulders, Knees and Toes(指導案の２)は，Eさんのお気に入りの曲になりました。この曲がかかると，Eさんは生き生きとして楽しそうに，みんなと一緒に体を動かしています。障がい児にはリズミカルな音楽がふさわしいことがわかりました。

実施日：2008年5月12日（月）
単元名：『あいさつをしよう』

児童の活動	HRT（担任）の活動	JTEの活動
1．あいさつをする。 ・ネームタグを受け取る。	・児童と一緒に元気よくあいさつをする。 ・児童と同様にネームタグを受け取り，学習者としての規範を示す。	・Hello. Let's start. ・I'll pass you the name tags.
3．曜日と天気を知る。 ・振りをつけながら歌う。 　C₁：It's sunny.	・児童と一緒に歌う。	・Let's sing the Weather Song. ・How's the weather today?

　4月になると，Eさんは以前よりも積極的になり，Hello Songをジェスチャーも交えながら，みんなと一緒に楽しく歌えるようになりました。

　5月に歌ったWeather Song（指導案の3）でも，sunny, cloudy, rainy を「笑顔で太陽」,「寒そうにくもり」,「涙を流しながら雨」と，ジェスチャーや顔の表情で豊かに表現していました。

　また，JTEが "How is the weather, today?" と窓を指差してEさんに尋ねると，大きな声で元気よく "Sunny."（指導案の3）と答えることができました。

実施日：2008年6月30日（月）
単元名：『数で遊ぼう』

児童の活動	HRT(担任)の活動	JTEの活動
〜〜〜〜〜〜	〜〜〜〜〜〜	〜〜〜〜〜〜
3．数の表現を知る。 ・数を言う。 ・Seven Steps を歌う。 ・数字を並べる。	 ・(It's) one. ・数の表現が難しい児童に個別に支援をする。	・What number is this? ・数字カードを提示しながら質問する。 ・Let's count from one to seven. ・Let's sing the Seven Steps.

　6月の末には，10までの数が英語で数えられるようになりました。次は1から7までの数字並べに挑戦しました。（指導案の3）

　1度目は，ランダムになっている数字カードを1から順番に並べることができず，イライラしていました。でも担任の支援を受けながらもう一度やり直しました。2度目は，正しく並べ替えることができました。どうやら，数を英語で言いながら並べることに自信がないため，混乱してしまったようです。混乱を招くとパニックになりがちな児童です。納得するまでの説明が必要でした。

　7月には，1から10までの数字の並べ替えに挑戦をしました。途中で，動きが止まってしまいました。みんなからの「がんばれ！」の声援で，もう一度気を取り直しました。おかげで最後まで続けることができました。

この経験は，E さんにとって，とても大きな自信につながったようです。

また，BINGO の曲も，とても気に入った様子でした。英語活動の時間以外でも楽しそうに歌っていました。

BINGO（歌）のイラスト

実施日：2008年10月20日（月）
単元名：『買い物遊びをしよう』

児童の活動	HRT（担任）の活動	JTE の活動
〜〜〜〜〜〜〜	〜〜〜〜〜〜〜	〜〜〜〜〜〜〜
4．買い物遊びをする。 ・数の歌を歌う。 ・果物や野菜の名前や数を表現する。	・児童と一緒に歌う。	・Let's sing the Seven Steps. ・What's this? ・模型を提示しながら質問をする。

JTE：How many apples?
C₁：Two.

| | ・デモンストレーションをする。 | |

JTE：Five oranges, please.
HRT：Here you are.
JTE：Thank you.
HRT：You're welcome.

JTE(HRT)：Grapes, please.
　　　C₁：Here you are.
JTE(HRT)：Thank you.
　　　C₁：You're welcome.

| | ・言葉，身振り等で表現できるよう個に応じた支援をする。 | |

9月に入り，音楽会に向けて英語活動の時間以外にもBINGOの歌を歌うようになりました。Eさんはますます張り切って楽しそうに歌うようになりました。"B" "I" "N" "G" "O" とアルファベットを軽快なリズムで表現することがとても気に入ったようです。歌が進むにつれ，アルファベットが抜けていくことのおもしろさを感じながら，失敗しないように歌おうとする姿が見られました。

　10月の買い物遊び(指導案の4)では，Dさんとペアーになって活動をしました。Eさんは年上のDさんにリードをしてもらいながら，楽しくコミュニケーションをすることができました。

　Dさんが英語の表現を忘れてしまったような場面では，Eさんが "grape" と助け舟を出してあげることもできました。

　11月，Head, Shoulders, Knees and Toes を以前に歌ったことを覚えていて，大きな声で得意気に歌っていました。外国音楽の歌詞やリズムがとても好きになってきたようです。

　12月に歌ったクリスマス・ソングも，ふだんからよく耳にしていた歌のようでした。発声しやすいところは，大きな声で歌いました。多少難しい言葉は，JTEの口をしっかりと見つめ，まねをしようとしていました。とても積極的に歌っていました。

実施日：2009年２月16日（月）
単元名：『買い物遊びをしよう』

児童の活動	HRT（担任）の活動	JTE の活動
～～～～～～～～～	～～～～～～～～～	～～～～～～～～～
３．買い物遊びをする。 ・知っている色を言う。		・What color is this?
C：It's red (yellow, green, orange, purple, brown, light green).		
・買い物遊びをする。	・デモンストレーションをする。	
	HRT：Two apples, please. JTE：Here you are. HRT：Thank you. JTE：Yellow fruits, please. HRT：Here you are. JTE：Thank you.	
		・Let's go shopping.
HRT：Two apples, please. C₁：Here you are. HRT：Thank you.		
	・果物や野菜，数字の表現がわからない児童や自信のない児童に，個別に支援する。	

1月に入って，EさんはBINGOの歌を休憩時間などに楽しそうに歌っていました。校内の先生方にほめられたことがとても自信になったようです。

　2月は，JTEと買い物遊び(指導案の3)をしました。Eさんが店員になり，客であるJTEの要求に答える活動ですが，Eさんは，JTEが"Two bananas, please."と言った言葉をしっかりと聞き取って，JTEに2本のバナナを差しだしました。

　達成感を十分感じながら席に戻ったEさんは，みんなに"Good.""Good job!"と言われてとてもうれしそうでした。

　3月は1年間の復習で，JTEとしばしのお別れでもありました。Eさんは，最後の活動日にネームタグを手渡すとき，JTEに自分から"Thank you."と大きな声で言いました。お辞儀をして自分の気持ちを表現していました。

　さらに，終了式の日には，それまで歌わなかった校歌を大きな声でしっかりと歌っていました。

英語活動を通して成長したこと

　Eさんは，英語活動を通して，担任や友だちは自分を守ってくれる大事な人であることに気付くことができました。

◆コミュニケーションへの関心・意欲・態度◆
- JTEや担任に，音声や身振り・手振りで自分の気持ちを伝えようとしていました。
- JTEや担任の働きかけに，身振りや音声で応じられるようになりました。

◆コミュニケーション能力の向上◆
- JTEの口もとをよく見て音声をまねようとしていました。
- JTEのしぐさや表現をよく見て正しくまねようとしていました。
- 繰り返される表現や指示がわかり，自分から応じたりす

ることができるようになりました。

◆言葉や文化についての関心・意欲・態度◆
- 英語の歌やチャンツに親しみながら，楽しく歌ったり踊ったりしていました。
- 英語活動に積極的に参加しながら，英語の音声に慣れ親しんでいました。

　Eさんは，英語活動以外でも，このようなところが成長しました。
- 友だちや先生が大好きになり，一緒に楽しく勉強をしたり遊んだりすることができるようになりました。
- 自信をもってあいさつをしたり，人と話をしたりすることができるようになりました。
- 歌を歌うことができるようになりました。
- 自分の思いを言葉（母語）で伝えようとする気持ちが強くなってきました。
- 自分から担任や友だちに話しかけることが多くなりました。
- 授業中，落ち着いて座っていたり，課題に集中して取り組んだりすることができるようになってきました。
- 話をよく聞いて落ち着いて行動できるようになってきました。
- 相手の話を落ち着いて聞いたり，話をよく聞いて行動したりすることができるようになってきました。
- あいさつをしたり，されたり，相手に話しかけられたりすることに抵抗がなくなりました。
- 友だちと過ごすことの楽しさが感じられるようになりました。

考　察

　E児は自我が強く，どうしても自分の意思を通そうとするため，級友と衝突していた。また，ダウン症の特質であるが，発話しようとすることが苦手であった。ダウン症児として確率の高い心臓病（ペースメーカー着用）をかかえていた。対人関係からくるコンプレックスもあり，コミュニケーション力をつけることが大きな課題であった。したがって，入学前の教育委員会面談に記載されていた「ダウン症特有の頑固さ…」は性格上であると判断した。

　英語活動でE児は思い切り自分を表出した様子である。45分間ですべてをだしきったと言っても過言ではなかった。英語の歌を喜んで歌った。心臓病を振り払うかのようにダンスに興じた。体育でもなかなか見せない表情であると担任は言った。

　重なる学校行事のすべてに積極的に参加し，自信ある表情に変わってきた。英語活動の「買い物」単元から，"May I help you?" "You are welcome." "Thank you." "Bye Bye."の一貫したやり取りから，相手への思いやり，豊かな心が育まれ，社会性が培われてくるようになってきた顕著な事例でもある。

　英語音声の多くはE児にとって発声しやすいことがわかった。母語は母音で始まることもままあり，困難さを示していた。E児にとって，英語は母語よりも滑らかに話せることから好都合なのであろう。

　入学時から母語に自信がなかったE児であった。自信がないから人と話すことに臆するようになった。これが障がい児の積極性や意欲を妨げる要因ともなっている。

担任の総合所見

 ２年間の英語活動では，特に大きな声で自信満々に歌うことができた。これは音楽集会活動でも生かされ，全校児童に混じってしっかりと課題曲を歌うことができた。かつては式典での校歌斉唱に自信がなかったが，曲のテンポについていくことができるようになった。

 Ｅ児にとっては英語活動を通して大きな経験を積み重ね，それが他教科や特別活動への積極性を生み，意欲的な行動がとれるようになった。

英語活動を通して獲得した力

 みんなと仲良くする（共生）ために必要な力を身に付けることができました。
 (1)「共生」につながる：
  ・思いやりの心（相互理解）
  ・明るい心
 (2)「自己決定行動」につながる：
  ・積極的・意欲的な心
  ・自己表現力
 (3)「主体性」につながる：
  ・自己コントロール

6　Fさん　女児　1年生（ダウン症）

英語活動が始まる前のFさんは

- みんなと一緒に学校生活を送ることが，どちらかというと不得意でした。
- ニコニコしていて人懐っこい性格でした。
- 一人で洋服を着替えたり，たたんだりすることができました。
- 靴の右と左を間違えずに履くことは，自信がありません。
- 家族や身近にいる人に自分から関わることができました。
- 集団での活動や学習に，個別の支援を受けないと参加することができません。
- いやなことに対しては，行動や表情で意思表示をすることができました。
- 注意されると，すぐにやめることができました。
- その日の気分により，参加できることやできないことがありました。

第5章 子どもたちの成長の記録

Fさんと英語活動

実施日：2007年7月2日（月）
単元名：『英語を楽しもう』（最初の英語活動）

児童の活動	HRT（担任）の活動	JTEの活動
1．あいさつをする。 ・ネームタグを受け取る。	・児童と一緒に元気よくあいさつをする。 ・児童と同様にネームタグを受け取り，学習者としての規範を示す。	・Hello. Let's start. ・I'll pass you the name tags.
2．自己紹介をする。 ・HRTに自己紹介をする。	・デモンストレーションをする。 HRT：Hello. My name is 〜. JTE：Hello. My name is 〜.	
	HRT：Hello. My name is 〜. C₁：Hello. My name is 〜. ・個に応じた支援を行う。	・一人一人の児童に自己紹介し握手をする。

　7月の英語活動初日，Fさんが何かを言おうとしていたため，リンゴの模型を見せて，「Appleなの？」と問いかけると，Fさんは首を縦に振りました。

　9月の英語活動では，椅子に座っているだけで，最後まで動こうとしませんでした。

　10月，大人のほうからの働きかけを少なくして，Fさんが英語音声にできるだけ多く触れることができるようにしました。しかしFさんは，あまり興味がないようで，椅子に座ったまま下を向いていました。

実施日：2007年11月26日（月）
単元名：『好きな動物は？』

児童の活動	HRT（担任）の活動	JTEの活動
2．体調や気持ちの表現を知る。 ・体調や気持ちを表現する。	・デモンストレーションをする。 JTE：How are you? HRT：I'm happy. JTE：How are you? C_1：I'm sad (angry / sleepy / sick). ・言葉や身振り等で表現できるよう個に応じた支援をする。	・絵カードを提示しながら発音し、まねをさせる。

　11月は、JTEが"happy"と発音した後に担任がもう一度、耳元で「ハッ・ピ・イ」とゆっくりと言い直しました。でもFさんは、あまり興味がないようで全く発音せず、下を向いたままでした。

　12月にも同じように個別に支援をしたところ、「ハッ・ピ・イ」の「ハ」をまねして言おうとしていました。でも、下を向いてしまいました。

実施日：2008年1月26日（月）
単元名：『買い物遊びをしよう』

児童の活動	HRT（担任）の活動	JTE の活動
1．あいさつをする。 ・ネームタグを受け取る。 ・Hello Song を歌う。	・児童と一緒にあいさつをする。 ・児童と同様にネームタグを受け取る。 ・個に応じた支援をする。	・Hello. Let's start. ・I'll pass you the name tags. ・Let's sing the Hello Song.
2．今日の天気を知る。	・天候の絵カードを黒板に貼る。 ・デモンストレーションをする。 HRT：How's the weather today? JTE ：It's sunny.	・Let's sing the Weather Song.

　Weather Song（指導案の2）が気に入って，曲を聞きながら，表情豊かにみんなと一緒に体を動かしていました。全身で楽しさを味わっている様子が少し伝わってきました。

天気の絵カード

実施日:2008年2月18日(月)
単元名:『何色? どんな形?』

児童の活動	HRT(担任)の活動	JTEの活動
2．体の部分の名前を知る。 　C：Head, shoulders, knees, toes ・タッチゲームをする。	・It's a head (shoulder, knee, toe). ・体の部分の名前がわからない児童に，個別に支援する。	・What's this? ・絵カードを見せながら質問する。 ・Touch your knees (shoulders, head, toes).

　2月になると，歌 Head, shoulders, knees, toes に合わせて友だちが踊る様子を笑顔で楽しそうに見ていることが多くなりました。Fさんの番になると，音楽に合わせて楽しく体を動かすことができるようになってきました。(指導案の2)

実施日：2008年3月16日（月）
単元名：『買い物遊びをしよう』

児童の活動	HRT（担任）の活動	JTE の活動
〜〜〜〜〜〜	〜〜〜〜〜〜	〜〜〜〜〜〜
4．買い物遊びをする。 ・果物や野菜の名前を知る。 ・買い物遊びをする。	・It's a tomato. ・英語の果物や野菜，色の表現がわからない児童に，個別に支援する。 ・デモンストレーションをする。	・What's this? ・模型を提示しながら発音し，まねをさせる。
JTE：Orange, please. HRT：Here you are.		
	・言葉，身振り，指し示し等で表現できるよう個に応じた支援をする。	
JTE：May I help you? C₂：Apple, please. JTE：Here you are.		

　3月の買い物遊び（指導案の4）では，担任から個別に支援を受けながら参加しました。店員役の JTE が "May I help you?" と問いかけたのに対し，担任が F さんの耳もとで大好きなりんごを指し示しながら "Apple, please." とささやきました。F さんは，担任がりんごをください。と言ってくれたことを目と耳で理解し，自分でもまねをしようと一生懸命口を動かしていました。
　また，あるときは，担任がバナナを指し示しながら "Banana,

please."と言ったことに対して，バナナを担任に手渡すことができました。

　担任やJTE，友だちから，"Good."とほめられ，とてもうれしそうでした。

　4月には，果物の名前の一部が聞き取れるようになり，Weather Song や Head, shoulders, knees, toes の曲を聞きながら楽しく体を動かすことができるようになってきました。でも音声をまねたりすることに対しては，苦手意識が強いようでした。

　5月は，数を取り入れた活動を行いました。JTE が "one, two, three, four, five" と発音するのに合わせて，口もとで "one" と繰り返しました。F さんはとても小さくかすれた声で "one" と言い返しました。続いて "two, three, four, five" と JTE が言うと，同じように発音しようとする様子が見られました。

実施日：2008年6月2日（月）
単元名：『数で遊ぼう』

児童の活動	HRT（担任）の活動	JTEの活動
3．数の表現を知る。 ・数を言う。	・(It's) one.	・What number is this? ・数字カードを提示しながら質問する。 ・Let's count from one to seven.
・Seven Stepsを歌う。	・数の表現が難しい児童に個別に支援をする。	・Let's sing the Seven Steps.

　6月は，数に挑戦しました。小さな声で"one"と言いながら指を1本立てられるようになったFさんは，とてもうれしそうでした。

　"two" "three" "four" "five"も指を出しながら言おうとするようになってきました（指導案の3）。

　7月になると，1から5までの数を担任の口もとをまねながら，一緒に言えるようになってきました。

実施日：2008年11月22日（月）
単元名：『買い物遊びをしよう』

児童の活動	HRT（担任）の活動	JTEの活動
4．買い物遊びをする。 ・数の歌を歌う。 ・果物や野菜の名前，数を表現する。	・児童と一緒に歌う。	・Let's sing the Seven Steps. ・What's this? ・模型を提示しながら質問をする。

JTE ：How many apples?
C_1 ：Two.

・デモンストレーションをする。

JTE ：Five oranges, please.
HRT：Here you are.
JTE ：Thank you.
HRT：You're welcome.

・言葉，身振り等で表現できるよう個に応じた支援をする。

JTE（HRT）：Seven apples and two lemons, please.
　　　C_2 ：Here you are.
JTE（HRT）：Thank you.
　　　C_3 ：You're welcome.

9月は，"Hello." "Good bye." "Thank you." "Fine." 等，1語で表現する言葉を中心に，Fさんが自分から声をだそうとする気持ちになれるよう，個別に支援をしていくことにしました。

　10月に私が校門で "Hello." と言うと，Fさんは小さな声で "Hello." とそれに答えてきました。また，"Fine?" と尋ねると，"Fine." と答えることができました。言葉は不明瞭でしたが，英語でコミュニケーションしたいという思いは，十分伝わってきました。

　11月の買い物遊び(指導案の4)では，Fさんは客としてJTEのまねをしながら"One apple, (please.)"と言いました。伝えたいという思いがとても強く感じられる一言でした。

　12月には，"Two apple(s), (please.)" に挑戦しました。

　Fさんは，"Two" が2であることがわかって，指を2本立てながらしっかりと表現していました。

実施日：2009年3月16日（月）
単元名：『買い物遊びをしよう』

児童の活動	HRT（担任）の活動	JTEの活動
2．体調や気持ちを表現する。 ・体調や気持ちを表現する。	・デモンストレーションをする。 JTE：How are you? HRT：I'm happy. JTE：How are you? C₁：I'm happy. JTE：How are you? C₂：I'm sad (angry / sleepy / sick / hungry)． ・言葉，身振り，指し示し等で表現できるよう個に応じた支援をする。	・絵カードを提示しながら発音し，まねをさせる。

　1月に，正門前で私がFさんに"Good morning."と声をかけると，Fさんは，笑みを浮かべながら，"Good morning."と答えました。これが私とFさんとの英語コミュニケーションの始まりでした。

　2月の登校時に，私が"How are you?"と声をかけると，黙っていました。そこで，"Fine?"と支援すると，Fさんは，小さな声で"Fine."と答えました。

　3月は，感情を表す絵を提示して表現方法を確認した後，JTEが一人一人に"How are you?"と尋ねていきました。子

どもたちは，絵をヒントにしながら "Angry." "Tired." 等と，自分の気持ちを表現していきました。Fさんは，最初はどれにしたらよいかわからないようでしたが，結果を焦らず，私たちは待ちました。すると徐々に自分の気持ちを表現できるようになってきました。"Hungry."（指導案の2）と応えたときに日本語で「お腹すいているの？」と聞くと「うん」という答えが返ってきました。

英語活動を通して成長したこと

　Fさんは，支援を受けながら英語活動に参加するうちに，楽しさが実感できるようになり，わずかですが積極的に参加できるようになりました。

◆コミュニケーションへの関心・意欲・態度◆
- JTEや担任の働きかけにうれしそうに応じられるようになりました。
- 自分の意思を身振りや音声で表現しながら，JTEや友だちと関わることができました。

◆コミュニケーション能力の向上◆
- JTEの動きに注目しながらまねようとしていました。

◆言葉や文化についての関心・意欲・態度◆
- 顕著な変化はありませんでした。

　Fさんは，英語活動以外でも，このようなところが成長しました。
- 自分の意思を言葉で表現することに自信がもてるようになってきました。
- 友だちやみんなのしていることを，興味深く見つめ，一緒にやろうとすることが多くなりました。
- 靴の右と左を間違えていることを注意されると，自分で履き替えることができるようになりました。自立心が生

まれ，生活習慣の育みが見られました。
- 身近にいる大人との関わりを楽しめることが多くなりました。
- 小集団での活動や学習に，一人で参加することができるようになってきました。

考　察

　F児が入学したのが2007年4月。英語活動が始まったのが同年7月である。期間も短く障がいの程度からも，F児には「国際コミュニケーションの素地」，さらにその基本となる素地づくりをしようと考え，実践してきた。通常の英語活動計画では不可能と思ったからである。

　F児には個別対応を試みた。すると，自分の思いや感情を表すことの大切さも英語活動のなかから発見した。これまで見られなかった笑顔を見せた。明るい心の芽生えであろうか。また，意思疎通を図るためにノンバーバル（非言語）も大切にした。発話できなくても，アイ・コンタクトでF児とJTE，担任そして私の気持ちが十分に伝わっている場面も発見した。重度の障がい児にも指導法によっては英語活動が可能であることに着目したい。現在，「共生」の素地ともなる「明るい心」，そして，「自己決定行動力」につながる「積極的・意欲的な心」が芽生えてきた。

担任の総合所見

　英語活動では当初は沈黙していたが，音楽的要素が入ってくるとリズムを体で取っていた。チャンツでは椅子から立ち上がり参加していた。このことからF児にとっては最大の力を発揮していたことがうかがえる。また，2年生になって1年生と関わることにより，下級生に対して，手を差しのべるなど，思いやる姿が見られるようになった。F児にとって，

徐々に周りが見えてきたことにより生活空間が広がり，行動にも変化がでている。排泄等の基本的生活習慣は家庭との連携で克服していきたい。

英語活動を通して獲得した力

社会生活に必要な，積極性や意欲的な心を育むことができました。
「共生」につながる：
- 明るい心

「自己決定行動」につながる：
- 積極的
- 意欲的な心

7 結果と考察 —6事例を通して—

結　果

　本章では「特別支援教育で育みたい資質・能力」を広汎性発達障がい（高機能自閉症，自閉症）児（3事例）とダウン症児（3事例）の6事例を取り上げたが，ここではこれらの事例を通して得た結果を整理してみたい。

表－4　6事例を通して観察された資質・能力の育み

事例	障がい	資質・能力の育み
A児	広汎性発達障がい	(1) 共生につながる： ・広い視野（異文化理解） ・思いやりの心（相互理解） ・明るい心，豊かな心 (2) 自己決定行動につながる： ・積極的・意欲的な心 ・自己表現力 (3) 主体性につながる： ・自己の確立
B児	広汎性発達障がい	(1) 共生につながる： ・思いやりの心 ・明るい心 (2) 自己決定行動につながる： ・積極的・意欲的な心 ・自己表現力 (3) 主体性につながる： ・自己の確立 ・自己コントロール

C児	広汎性発達障がい	(1) 共生につながる： ・明るい心 (2) 自己決定行動につながる： ・積極的・意欲的な心 ・自己表現力 (3) 主体性につながる： ・自己の確立 ・自己コントロール
D児	ダウン症	(1) 共生につながる： ・広い視野（異文化理解） ・思いやりの心（相互理解） ・明るい心 (2) 自己決定行動につながる： ・積極的・意欲的な心 ・自己表現力 (3) 主体性につながる： ・自己の確立 ・自己コントロール
E児	ダウン症	(1) 共生につながる： ・思いやりの心（相互理解） ・明るい心 (2) 自己決定行動につながる： ・積極的・意欲的な心 ・自己表現力 (3) 主体性につながる： ・自己コントロール
F児	ダウン症	(1) 共生につながる： ・明るい心 (2) 自己決定行動につながる： ・積極的・意欲的な心

⑴　広汎性発達障がい児（高機能自閉症【A，B】，自閉症【C】）とダウン症児【D，E，F】の共通項目では，「明るい心」，「積極的・意欲的」の育みがみられる。

　国際コミュニケーションの素地である『共生』，『自己決定行動』への営みがみられる。英語活動を体験した児童は一様に明るく前向きな態度で，積極的・意欲的に取り組む資質・能力が育まれた。このことは，第2章以降で述べてきた，国際コミュニケーションの素地を培うための根本的な資質・能力であるとともに，確かな学力のうちの「見えにくい学力」として重視すべきである。

⑵　広汎性発達障がい児（高機能自閉症【A，B】，自閉症【C】）の共通項目は，「明るい心」，「積極的・意欲的な心」，「自己表現力」，「自己の確立」である。

　こうした資質・能力の芽生えからうかがえることは国際コミュニケーションの素地である『共生』，『自己決定行動』，『主体性』の育みが生じてきたといえよう。

⑶　ダウン症児【D，E，F】の共通項目は「明るい心」，「積極的・意欲的な心」である。

　障がいの特質として発話に自信のないダウン症児が積極的に英語活動を体験することにより，児童が声を出すようになったことはDさんの活動中のビデオ映像からも検証することができる。国際コミュニケーションの素地である『共生』，『自己決定行動』の芽生えでもある。

⑷　高機能自閉症【B】，自閉症【C】，ダウン症【E，F】の4事例は，「主体性」につながる「自己コントロール」する力が芽生えてきていることが判明した。

　その理由に，英語活動はこれまでの実践で示したようにコ

ミュニケーション体験活動であり，他者との関わりから自分で進んで行動しようとする力が育まれてくるからである。

考　察

2年間にわたる英語活動であったが，試行錯誤の連続であった。理由として先行事例が乏しかったからである。したがって，1時間ごとの反省や成果をその日のうちに話し合い，記録し，次の指導に生かした。

例えば，こだわりのある自閉症児はお気に入りの歌を何度でも歌おうとした。指導者から考えると同じ歌を何度も歌わせることにはためらいがあるが，そうではなかった。次の歌に挑戦するときは，既習の歌も歌うことのほうが効果的であった。あるいは音楽の時間でも取り上げるといっそうの効果が上がることを知った。

一方，高機能自閉症児は極端なこだわりはなかった。知的にも，自閉症児よりも若干だが上回る。しかし，すべてについてJTEの指示通りにはならなかった。興味関心の度合いにより教材の提示が必要であった。

ダウン症児はグループ化しやすいものの，発声面での指導方法に一考を要した。また，障がい児のグループ化については，年齢差はほとんど関係しないことも授業を通してわかった。

これまでの英語活動の実践的研究から，わかくさ学級に対する指導について，次に示すような効果的な指導のあり方が判明した。

(1) 児童によっては言葉がでないことや，かすれ声で聞き取れないことがあるため，発音の正誤や声の大小等，発語のみに焦点を当てるのではなく，「積極的にできた」ことを評価する。実際に声がでていなくても必要以上に働きかけたりしない。児童の口を注意深く見ると，何とか発声しよ

うと努力をしている。そうした場面を見つけ，それを賞賛することが次の意欲につながる。
(2) 児童の混乱を避けるため，毎時間の授業で使う教室英語，ジェスチャー，表情等，授業の一連の流れをパターン化する。自閉症児の特性としてこだわりがあり，異質なことをやる場合，奇声を発する等，気分が高揚することがあるので留意すべきである。毎朝，校門前のあいさつもパターン化することが肝要であり，言葉を少しでも多く覚えさせようとすることは禁物である。
(3) 授業の開始と終了を明確にすることが大切である。英語活動に入る前，担任がT_1であるJTEと手と手をタッチすることで，これから英語活動が始まることへの認識と期待感をもたせるとよい。区切りをつけない活動は単なるお遊びとしてとらえてしまいがちである。楽しい授業のなかにもルールがあり，ルールを守ることにより，児童と教師，児童と児童が真に向き合えるのである。
(4) 授業開始時にJTEがネームタグ（名札）を手渡し握手をすると，教師と児童の信頼感，一体感が生じ，授業が円滑に進む。授業開始で，貴重な活動時間であると思うあまり，おざなりになることがあるが，決してむだな時間ではない。授業のウォーミングアップと考えるべきである。

コラム・JTEのつぶやき

JTE（日本人英語教師）として「わかくさ学級」の子どもたちとともに学んだこと

杉山明枝

1　始めるまでの不安

　特別支援学級の子どもたちを教えることは私にとっては初めてのことでした。教えるべき内容や方法，また障がいのある子どもたちの実態等，よくわからないことが多く不安がよぎりました。しかし，子どもたちと接してみて，それが杞憂であったことが明らかになりました。

2　初めての授業

　初めての授業では，子どもたちは「何が起こったのだろう」と不思議そうな様子でした。ふだん使わない言語（英語）を耳にし，とまどっていたようです。そこで，アイコンタクトや握手，表情など「ノンバーバル（非言語）コミュニケーション」を積極的に利用するように心がけました。通常学級の子どもたち以上に「ノンバーバルコミュニケーション」を多用することで，「伝える」ということに重点を置いたのです。

　また，授業の始めには必ず一人一人の児童の目を見て両手で「タッチ」をしました。「一緒に英語を楽しもう」という意思を伝えるよう心がけたのです。

コラム・JTEのつぶやき

　一人一人の首にネームタグ（名札）をかけてあげることも欠かしませんでした。発音の正誤やアクセント等，英語のスキル面にはこだわらず，「英語で表現する」「挑戦しようとする」といった児童の姿勢に注目し，積極的にほめるようにしました。

3　子どもたちの変容ぶり

　授業を続けていくうちに，子どもたちが変わっていく姿が明らかになってきました。いちばんの変化は子どもたちが「明るく」「積極的に」なっていくことでした。当初，英語にあまり興味を示さなかった児童が，いつのころからか笑顔で私に抱きついてきたのです。

　ほとんど感情を出さなかったダウン症児がガッツポーズをつくって満面の笑顔を見せてくれたのです。

　音に敏感で，どんな歌にも興味を示さなかった自閉症児が，BINGOという歌になると笑顔で手をたたきながら歌っている姿がありました。

　全く無表情だった女児が笑顔で"I'm happy."と返答してくれた姿など数え上げればきりがありません。

4　苦労したこと

　障がいのある児童を教えるにあたって苦労したことがいくつかあります。まず，子どもたちの反応が通常学級の児童と異なることです。喜怒哀楽の激しい子，

抱きついて離れない子，突然怒り出す子，泣き出す子等，対応にとまどうこともありました。

　また，教材の掲示のしかた（活動が変わるごとに掲示する絵カードも貼り直す）や種類（果物の模型など本物に近くわかりやすいもの）に関しては，担任の先生方からアドバイスをいただきながら工夫しました。

　児童への指名は通常学級の子どもたち以上に配慮しなければならないことがありました。例えば，どうしても「指名して欲しい」と訴える子どもの気持ちが読み取れず，指名をし損ねてしまったところ，授業が終わるまで，大泣きされてしまったという苦い経験がありました。担任の先生方あっての英語活動であることを再確認しました。

5　保護者の方々と接して

　保護者の方が見学に来られる日が多くありました。回を重ねるうちに子どもたちと一緒に参加される方々が増えていきました。保護者の方も子どもたちと同じように歌ったり，ダンスをしたりするなど授業に積極的に参加されることで，全体的に明るく，楽しい雰囲気が醸成されていきました。

　「子どもが英語の時間を楽しみにしています」「また見学に来ていいですか」などうれしいお声や感想をたくさんいただきました。子どもたちが楽しく活動する

コラム・JTE のつぶやき

姿に接し，保護者の方々からも笑顔が見られるようになったことが印象的でした。

6　担任の先生方から学んだこと

　私は JTE（日本人英語教師）ではありますが，小学校の特別支援学級の教員ではありません。いうまでもなく子どもたちの実態を把握しているのは彼らに毎日接していらっしゃる担任の先生方や校長先生です。特別支援学級の英語授業には担任の先生方や校長先生なしでは決して成立していませんでした。

　指導上不明なことは先生方のご指導を受け，改善に努めました。レッスンプランや年間指導計画も作成段階で先生方のお力をお借りし，子どもたちの実態に合った内容に工夫し改善していきました。

　授業開始当初は，遠慮されてか児童の後方から支援されていた先生方も，次第に前に出て指導をしてくださるようになりました。ついには担任の先生と JTE のティームティーチングという理想的な授業形態に発展しました。

　ゲームを説明するデモンストレーションで相手役をしていただいたり，教材を掲示するときの支援，児童を指名していただいたりするなど，担任の先生方の登場が増えていきました。

　大人気の歌 BINGO の歌詞を子どもたちに説明する

ために，農夫の格好で演じてくださった先生もいらっしゃいました。先生方の熱意と卓越された指導技術は，教師としてお手本とさせていただくことが非常に多かったです。

7　終わりに

　2年間の経験は私にとって非常に充実した実りの多いものでした。苦労した点もありましたが，それ以上に楽しい出来事が多く，今でも当時を懐かしくふりかえっています。子どもたちの笑顔，純粋な心に常に癒されていました。そのあまりの充実ぶりに，わずか45分の授業でしたが，それだけで一日が終わってしまったような感さえありました。

　英語を教えていたのは JTE の私ですが，私は子どもたちから「英語コミュニケーションを交わす」ことの楽しさや大切さを教えられました。

　これからも英語教師を続けていくうえで非常に貴重な体験になりました。今後も子どもたちと過ごした2年間を大切にしながら，英語コミュニケーション活動の楽しさ，大切さを少しでも伝えられたらと願っています。

第6章 これからの活動に向けて

　知的障がいをともなう児童の可能性を引き出そうと、国際コミュニケーション力の素地（『共生』、『自己決定行動』、『主体性』）の育みのため、英語活動を行ってきた。1年目は15名であった対象児童が、2年目では20名となった。そして3年目は30名となった。さらに4年目（2010年度）は1学級増となる予定である。

　児童がJTEと担任で一体となり英語活動に取り組んできた。英語活動が開始されたことにより児童の教育活動に影響を及ぼすに至ったが、個別の支援に徹してくれた担任の力は大きい。さもなければ特別支援学級での外国語（英語）活動はありえなかった。

　2009年10月、江戸川区主催の「おもいっきり表現してみようコンクール！」に、わかくさ学級の児童全員が参加したことである。日ごろ慣れ親しんでいる絵本『Brown Bear』の群読を披露した。当日、会場は大勢の区内小・中学校児童・生徒で埋め尽くされていた。特別支援学級の出場は初めてのこととあって、保護者はもとより多くの方々が来場されていた。緊張感のなか、幕が開き6分間の群読を披露した。終了後、大きな声援と拍手をいただいたことにより児童は成就感を味わった。それが自信となって、何事にも挑戦しようとする積極的・意欲的な態度につながるならば、これほど誇りに思うことはない。

　2010年6月から9月にかけてこれまでの実践と成果を8学会（英語関係学会、特別支援教育関係学会、学校教育関係学

会）で発表するために北海道から長崎までの会場を巡った。特別支援教育における外国語（英語）活動が国際コミュニケーション力の素地を育むことにいかに有効であるかを，一人でも多くの方々に知っていただきたい一心からだった。

　2010年9月，㈳日本家庭生活研究会，NPO法人教育情報プロジェクト主催の「特別支援学級で外国語活動をどう取り組むか」としてワークショップが開催された。伊藤嘉一先生（東京学芸大学名誉教授，現・星槎大学教授）のご指導のもとで本校の実践を発表させていただいた。

　2010年10月，「第1回障害者の権利に関する条約の理念を踏まえた特別支援教育のあり方に関するヒアリング」（文部科学省）で，二之江小学校特別支援学級外国語活動の取り組みをもとに，コミュニケーション能力育成に外国語（英語）活動は欠かせないことを述べた。

　マスコミの後押しもあり，仲間も徐々に増えてきている。A先生から「特別支援学校で教師をしているのですが，なかなか英語教育について理解が少なくて…」(北海道)。B先生から「小学校の通常学級担任ですが，障がいのある児童が在籍しています。でも英語活動を積極的に行っています。クラス全体が明るくなりました。子どもたち同士が助け合っています。英語コミュニケーション活動を楽しんでいますよ」(鹿児島県)。

　メールでの問い合わせもある。特別支援学級担任のC先生から「英語活動をゼロからスタートしたいのですが，何から手をつければいいのですか」(長野県)。そうした場合，つたない私の修士論文全文を送付させていただく場合もあった。すべては次代を担う子どもたちのためである。

　私の夢は，世界中の子どもたち（障がいがあってもなくても）が集い，英語でコミュニケーションしながら将来の夢を語れる場を創ることである。きっかけは都内にあるインター

ナショナルスクールを見学したことだった。オーナー兼校長先生は米国人であった。中学生から高校生までの障がいのある数カ国（日本人はいない）の外国人生徒が通学していた。共通言語は英語であった。ダウン症の中学生は発声が困難で，声に詰まりながらも何度もあいさつをしてくれた。人との関わりが苦手という高校生は「ちぎり絵」に挑戦していた。これまでの作品を見せていただいたところ東京タワーや浅草雷門を見事に描いていた。実践してきた外国語（英語）活動を生かせる場がここにあると実感した。

　2011年度からの学習指導要領「外国語活動」実施に向けて，多くの小学校教員は授業実践を通して指導力を高めている。通常学級にも特別支援を必要とする子どもが増加している。だからこの実践の歩みを止めるわけにはいかない。最新の障がい児の心理や脳科学にも学びながら，さらに実践・研究を深める必要性を痛感している。

【著者紹介】

小林　省三（こばやし　しょうぞう）

1950年広島県呉市生まれ，関東学院大学文学部英米文学科卒業，玉川大学文学部教育学科修了，文京学院大学大学院修士課程外国語学研究科英語コミュニケーション専攻修了
学校法人広島工業大学附属広島高校・中学校英語講師，広島県安芸郡坂中学校・江田島中学校英語講師，受験予備校「呉学院」経営後，東京都公立小学校教員（品川区，千代田区，港区，台東区，八丈島），ナイジェリア・ラゴス日本人学校教諭，豪州ブリスベン日本語補習校校長を経て，現在，東京都江戸川区立二之江小学校校長
小学校英語教育学会，日本児童英語教育学会，全国英語教育学会，日本基礎教育学会，日本学校教育学会，国際アジア文化学会，日本自閉症スペクトラム学会，日本特殊教育学会会員
2009年東京都江戸川区外国語活動教材作成委員長，江戸川区小学校教育研究会外国語活動部長2010年江戸川区外国語活動推進委員長，全国教育管理職員団体協議会会長
●連絡先メール；rsc42328@nifty.com

特別支援教育と外国語活動
～わかくさ学級の子どもたち～

2011年2月19日　初版第1刷発行

著　者　小　林　省　三

発行者　小　林　一　光

発行所　教　育　出　版　株　式　会　社

101-0051　東京都千代田区神田神保町2-10
電話　03-3238-6965　振替00190-1-107340

©S. Kobayashi　2011　　　　　組版　ピーアンドエー
Printed in Japan　　　　　　　印刷　神谷印刷
乱丁・落丁本はお取替いたします。　製本　上島製本

ISBN978-4-316-80328-9